Brauseboys
AUF NIMMERWIEDERSEHEN 2020

BRAUSEBOYS

THILO BOCK, NILS HEINRICH, ROBERT RESCUE, FRANK SORGE, VOLKER SURMANN, HEIKO WERNING

AUF NIMMER NIMMER NIMMER WIEDERSEHEN 2020

EIN JAHR AUF DISTANZ

Satyr

1. Auflage Dezember 2020

© Brauseboys | www.brauseboys.de
in Zusammenarbeit mit dem Satyr Verlag Volker Surmann, Berlin 2020
www.satyr-verlag.de

Cover: Volker Surmann
Fotos: Brauseboys
Druck und Bindung: Booksfactory.de
Printed in Poland

Die Deutsche Nationalbibliothek verzeichnet diese Publikation in der Deutschen Nationalbibliografie; detaillierte bibliografische Daten sind im Internet abrufbar über: http://dnb.d-nb.de

Die Marke »Satyr Verlag« ist eingetragen auf den Verlagsgründer Peter Maassen.

ISBN: 978-3-947106-59-2

INHALT

Urzeit (Dezember 2019 bis Februar 2020) 7
Ein neues Land (Nils Heinrich) 8
Pomp, Kick und Nadelstreifen (Thilo Bock) 12
Na, ihr Umweltsäue! (Heiko Werning) 16
Auf Effizienz getrimmt (Robert Rescue) 22

Wie alles begann (März 2020) 27
Pandemiewalzer (Volker Surmann) 28
Blöder Virus (Frank Sorge) 30
Austin, wir haben ein Problem (Heiko Werning) 33
Richtig Hände waschen! (Nils Heinrich) 39
Homeoffice in Zeiten der großen Vorrats-
   haltung (Thilo Bock) 41
Der Corona-Führerschein (Volker Surmann) 43

Damals (April und Mai 2020) 47
Ernährungsberatung (Robert Rescue) 48
Die offene Kneipe (Frank Sorge) 53
Interview mit Wolfgang Wodarg (Nils Heinrich) 56
Ein Plädoyer für die Maske aus Gründen der
   Ästhetik (Volker Surmann) 60
Und es hat Zoom gemacht (Heiko Werning) 63
Irrtümer über Livestreams (Frank Sorge) 68
Bis zum jüngsten Tag (Robert Rescue) 72
Ich will hier raus! (Nils Heinrich) 77

Sommerpausen (Juni bis September 2020) 79
Sommernächtliche Distänzer (Thilo Bock) 80
Pandemisches Reisen (Heiko Werning) 82
Der Harz kommt! (Nils Heinrich) 87
Wahrzeichen und Wunder (Frank Sorge) 91
Der Deutsche Satirerat (Volker Surmann) 94
Ein bisschen schuld habe auch ich (Robert Rescue) 98
Einpacken, was wir nicht loswerden (Thilo Bock) 103
Die Schweine vom Waldsee (Volker Surmann) 108
Der große Graben (Heiko Werning) 112
Unfrei (Nils Heinrich) 115
Im Rausch des Sommers (Frank Sorge) 118
Der Pfad der Verlockung (Robert Rescue) 121
Eine Agave namens Opa (Thilo Bock) 126
Wer ist Bill Gates? (Volker Surmann) 129
Spannt eure Masken bis zum Anschlag, hier spricht ein
    Urlaubsrückkehrer! (Heiko Werning) 135

Zweite Welle (Oktober und November 2020) 139
Ein Vollholzpfosten vom Team Drosten blökt zurück
    (Thilo Bock) 140
Jens macht alles richtig (Frank Sorge) 143
Feuerstättenschau (Robert Rescue) 147
Wo schlechte Laune zum guten Ton gehört (Thilo Bock) ... 151
Schöne Grüße aus dem Risikogebiet (Heiko Werning) 155
Was 2020 noch alles schiefgehen könnte (Frank Sorge) ... 157
The Art of the Deal (Mach den Trump) (Thilo Bock) 160

Danksagung 163

URZEIT

DEZEMBER 2019 — FEBRUAR 2020

EIN NEUES LAND

Nils Heinrich

Bevor wir uns gleich wieder der Gegenwart zuwenden, wollen wir das jüngste Kapitel der deutschen Geschichte mal grob, aber auch gründlich zusammenfassen: Man hätte damals alles neu starten können. Man hätte 1990 ein ganz neues Land erfinden können. Die Voraussetzungen waren günstig! Modern Talking war tot. Kohl war am Ende. Die Westdeutschen waren ermüdet vom alten CDU-System. Auf der anderen Seite hatten die Ossis ihre Staatsführung gerade in die Geriatrie abgeschoben. Wie wäre es gewesen, wenn wir Deutschen genau jetzt, in diesem Moment, gemeinsam ganz was Neues gestartet hätten? Wie wäre es gewesen, wenn nicht nur die Ostdeutschen von vorn angefangen hätten, sondern auch die Westdeutschen? Man hätte als erstes mal eine neue Nationalhymne installieren können, meinetwegen »Verdammt ich lieb' dich« – »Zieh dich aus, kleine Maus, mach dich nackig!« oder »Geh mal Bier hol'n, du bist schon wieder hässlich!«. Das hätte auch die dauerhafte Beziehung zwischen West- und Ostdeutschland sehr gut auf den Punkt gebracht.

Oder den Bratmaxe-Song. Da ist doch alles drin, was uns ausmacht: Grillen – mehr wollen wir nicht!

Ein Mehrwegsystem hätte man einführen können (was dann später kam), den grünen Abbiegepfeil (der dann später kam), nicht in Plastik eingeschweißte Gurken hätte man verkaufen können (was dann später kam), die Leute im Supermarkt Stoffbeutel und Einkaufsnetze benutzen lassen (was dann später kam). Man hätte auch im Westen Kitas einführen können (die dann später kamen) und Doppelstockzüge (die dann später kamen). Die dann später kamen.

Man hätte das neue Land anders nennen können: »Funkloch« oder »Das Land, das auf RTL keinen Superstar findet«. Das hätte man alles machen können, hat man aber nicht.

Außerdem: Der kalte Krieg war vorbei, der Weltfrieden war da, trotzdem gab's noch die Wehrpflicht. Warum? Man hätte im wiedervereinigten Land eine Zivildienstpflicht einführen können. Für beide Geschlechter. Oberste Regel: Alle Ostdeutschen machen Zivildienst im Westen, alle Westdeutschen im Osten.

Westdeutsche Millionärskinder aus Düsseldorf gehen nach Hoyerswerda, kneten den alten Braunkohlekumpeln im Bergarbeiterpflegeheim »Adolf Henneke« die verspannten Rücken locker, pflücken ihnen die Klabusterbeeren aus der Poperze und cremen die abgeernteten Stellen schön mit Oil of Olaz ein. Wie das duftet!

Und frisch exkommunizierte FDJler aus Bautzen gehen nach Baden-Baden, um den dortigen Millionärswitwen mit sowjetischen Drahtbürsten den Zahnstein von den Goldzähnen zu raspeln.

Man hätte Führungskräfte aus dem Osten mal in den Westen schicken können. Altgediente SED-Kader hätten als Berater zur CSU gehen können (was dann später kam).

Die Westdeutschen hätten damals schön was vom Osten lernen können. Es hätte ja schon gereicht, wenn jeder Westdeutsche mal ein Ostprodukt gegessen hätte, eine Schlager-Süßtafel beispielsweise. Diese Unrechtsschokolade, zusammengeklatscht in den Betonmischmaschinen des Zuckerwarenwerks VEB Zahnwehmännchen Zittau aus Braunkohleresten, Zuckerrübenspänen und Schweineblut – wenn gerade kein Dissident greifbar war. Jeder Westdeutsche hätte schlagartig mehr

Verständnis für die Ostdeutschen gehabt, wenn er sich eine Tafel davon reingepfiffen hätte – unter Androhung von Waffengewalt. Anders hat man das Zeug ja auch nicht runtergekriegt.

Für die Westdeutschen hat sich damals nämlich gar nichts geändert. Die haben nur 'ne neue Postleitzahl bekommen und Carmen Nebel, mehr nicht.

Letztlich hat man das doch kommen sehen, dass die Mauer fällt. Dagegen hätten die Westdeutschen doch Maßnahmen ergreifen können. Jetzt brauchen sie auch nicht mehr zu jammern. Sie hätten doch von der Westseite her die Mauer mit eisenbeschlagenen Spanplatten sichern können. Da hätten die Ossis aber gestaunt: 9. November, die Ossis hauen Löcher in die Mauer, denken, sie sind frei, und stehen vor einer Spanplattenwand. Auf der steht: »Nö, is nich. Drüben bleiben, Briefe schreiben!«

Das hättet ihr machen können, liebe Westdeutsche. Habt ihr aber nicht. Also: Mitgehangen, mitgefangen. Euch wäre einiges erspart geblieben.

Zum Beispiel die Thüringer Rostbratwurst. Die hat doch den Imbissmarkt komplett umgekrempelt! Das war eine richtige Wurstumvolkung, ein Wurstaustausch! Man kriegt ja heute auf dem Weihnachtsmarkt gar keinen deutschen Döner mehr zu kaufen!

Hättet ihr die Grenze mal mit Spanplatten gesichert. Dann wärt ihr schön unter euch geblieben, mit Friedrich Merz, Uli Hoeneß, Horst Seehofer, Alexander Gauland. Der ist ja zu euch rübergekommen, bevor die Mauer stand. Aus Chemnitz ist er abgehauen, 1957. Wir haben gewartet, bis der weg ist, dann haben wir die Grenze hochgezogen. Das konntet ihr wirklich nicht verhindern.

Nun müsst ihr nun an jedem verdammten 3. Oktober bis in alle Ewigkeit »Über sieben Brücken musst du gehen« hören.

Und »Wind of Change«. Dieser Plombenzieher aus Hannover wurde mittlerweile so oft im Radio gedudelt, dass ich vor lauter Zugluft schon einen steifen Hals habe.

Wessis, ihr seid doch selbst schuld, ihr habt nichts unternommen, nichts!

Ihr habt damals am Donnerstag, dem 9. November 1989, lieber zu Hause auf dem Sofa gesessen und im ZDF schön den »Großen Preis« geguckt, mit Wim Thoelke – und weil ihr dabei sitzen geblieben seid, habt ihr später dann den großen Preis bezahlt!

Also: Hört auf zu jammern!

Sonst müssen wir Ossis euch auch noch zeigen, wie man DAS richtig macht.

POMP, KICK UND NADELSTREIFEN
Thilo Bock

Pünktlich zum Rückrundenauftakt der Fußballbundesligasaison 2019/20 tickerte es durch die Sportmedien des Landes: Jürgen Klinsmann, Übungsleiter von Hertha BSC, habe gar keine gültige Trainerlizenz und dürfe somit nicht seinen Platz auf der Bank am Spielfeldrand im Berliner Olympiastadion einnehmen.

Diese Vorwürfe konnten schnell ausgeräumt werden. Ohnehin waren sie dem stets gut gelaunten Schwaben kaum ein Schulterzucken wert: »Mich hat in 20 Jahren nie jemand wegen einer Lizenz angesprochen, egal ob als Bundestrainer, Bayern-Trainer oder Nationaltrainer der USA«, ließ er verlauten. Ihn interessiere das noch weniger als eine Niederlage seiner Mannschaft. »Fußball wird eh überbewertet, bei Hertha sind wir da längst weiter.«

Aufgrund des sportlichen Niedergangs der »Alten Dame« unter den Bundesligavereinen hätte man sich in deren Chefetage auf eine Umorientierung geeinigt und gerne das lukrative Angebot des Großinvestors Lars Windhorst angenommen, aus dem schlaffen Team einen aufregenden »Big City Club« zu machen, für den Auftritte in welcher deutschen Liga auch immer bald lästige Pflichtübungen sein würden.

»Wenn das Geld im Wüstensand liegt, kicken wir doch lieber in Katar als in Karlsruhe«, sagt Manager Michael Preetz. Da sei das Wetter ohnehin besser und Sponsorengespräche mit einem namhaften Sonnenbrillenhersteller stünden ebenfalls kurz vor dem Abschluss.

In Rekordtempo hat Klinsmann bei Hertha BSC ausgemistet. Spieler, die vielleicht effektiv spielten, aber selten elegant, und deren Gesichter zudem untauglich seien für Werbeauftritte in den Bereichen Gesichtspflege, Wellness und Lifestyle, musterte der neue Trainer aus und verschenkte sie an Provinzvereine wie Augsburg, Norwich oder Köpenick.

Neu verpflichtet wurde hingegen der Argentinier Santiago Ascacíbar, zuletzt in der 2. Bundesliga für unzählige Gelbe und Rote Karten bekannt. »Ein echtes Raubein!«, schwärmt Klinsmann. »Wenn der foult, kommt das garantiert in der Sportschau. Habt ihr gesehen, wie er gegen Leverkusen den Havertz angerotzt hat? Mit so was ist dir die mediale Aufmerksamkeit bombensicher!«

Und diese sei heutzutage entscheidend, sagt auch Investor Windhorst bei einem Gespräch auf seiner Yacht im Hafen von Husum. »Solange wir VIP-Plätze verkaufen können, ist uns die Performance auf dem Platz egal.« Die entscheidende Performance finde ohnehin auf dem Finanzmarkt statt.

In diesem Sinne wurde wohl auch der Posten des Performance Managers geschaffen, den ab sofort der ehemalige Nationalspieler Arne Friedrich bekleidet. Befragt nach seinen Aufgaben, muss dieser lange nachdenken. »Immerhin«, sagt er schließlich, »habe ich ein extrem stylisches Schild an meiner Bürotür.«

»Es ist nicht wichtig, was man macht, sondern wie man es macht«, erklärte hingegen Klinsmann die Veränderungen. So hat er auch den Ausrüstervertrag mit Nike gekündigt – koste es, was es wolle. »Ausrüstung klingt so nach Krieg.« Der sonst so heitere Trainer wird mit einem Mal todernst. »Und Krieg will keiner sehen, wenn er in der VIP-Loge gerade Austern schlürft. Hey, ›Herrenausstatter‹, das ist das Zauberwort!« Jetzt grinst Klinsmann wieder. Sehr zufrieden ist er, dass seine Jungs fortan feine Stoffe aus dem Hause Hugo Boss tragen.

Nadelstreifen statt Rasenspuren auf dem Trikot – das scheint das neue Motto von Hertha BSC zu sein. »Jogginghosen sind was für Loser«, fügt der Trainer hinzu. Und so sieht man das Team an einem sonnigen Wintervormittag tadellos gekleidet durch den Grunewald spazieren, dabei diskutieren sie angeregt über Lyrik. »Wenn das mal keine Performance ist, weiß ich auch nicht«, sagt ein fein lächelnder Arne Friedrich, der gerade im »Großen Buch der Sportgedichte« blättert, noch auf der Suche nach einer anspruchsvollen Hausaufgabe für die Spieler. Nächste Woche besuche Nobelpreisträger Peter Handke das Training und werde nicht nur aus seiner Erzählung »Die Angst des Tormanns beim Elfmeter« lesen, worauf sich die Mannschaft bereits »sehr, sehr« freue. »Der Herr Handke wird in Schreibwerkstätten Bonmots mit den Spielern erarbeiten, damit sie zukünftig besser kontern können«, sagt Friedrich. »Also nach dem Spiel, wenn ihnen die Mikros vors Gesicht gehalten werden.«

Eine erste Kostprobe dieser neuen Rhetorikstrategie gab Mittelstürmer Davie Selke nach der 0:4-Niederlage gegen den FC Bayern München: »Klatsche? Das war doch keine Klatsche. Also höchstens ein kleines Klätschchen.«

Viele Fans beobachten die Neuorientierung ihres Vereins mit Sorge. Doro Puschke vom Tempelhofer Hertha-Fanclub Latte 04 freut sich zwar über den neuen Schwung, den Jürgen Klinsmann bringt, sieht aber die Hinwendung zu, wie sie das nennt, »Pomp und Nadelstreifen eher kritisch«. »Ick bin als Herthanerin geboren worden, wa?«, fügt sie hinzu. »Dieser Windhorst dagegen, der interessiert sich doch nicht die Bohne für Fußball!«

»Also der Lars ist in den letzten Monaten echt zum Fußballfan geworden«, verteidigt hingegen Klinsmann den frischgebackenen Sportinvestor. »Letztens hat er zum ersten Mal ein Spiel von uns besucht. Das war so witzig.« Klinsmann muss offenbar immer noch lachen.

»Stimmt, voll lustig!«, pflichtet ihm Windhorst bei. »Allerdings weiß ich bis heute nicht, wieso ich die 500 Würfel gekauft habe. Jedenfalls wurden die an dem Nachmittag kein einziges Mal eingesetzt.« Vorsichtshalber sei er daher spontan in den Schachsport eingestiegen und habe Anteile des SC Schwarzer Springer Pankow erworben.

NA, IHR UMWELTSÄUE!

Heiko Werning

Ach herrje, wenn man nicht alles selber macht. Aber es hilft ja nichts. In der schon jetzt womöglich absurdesten Debatte des Jahres 2020 muss mal dringend jemand den Umweltsaustall ausmisten. Also, bitte – schön ordentlich Punkt für Punkt:

1) Es ist falsch zu sagen, das von einem Kinderchor gesungene Umweltsau-Lied auf »Meine Oma fährt im Hühnerstall Motorrad«, das von WDR 5 produziert wurde, sei schlechte Satire. Das ist ein Reflex, der leider selbst unter den Verteidigern von Satire und speziell unter Satirikern selbst systematisch bei jeder Satiredebatte zu beobachten ist: Alle wollen sich zunächst vom strittigen Objekt distanzieren, zumindest künstlerisch. Natürlich, so sagen sie, dürfe man so etwas machen, Satire darf ja schließlich alles, doch sie können es nicht lassen, immer sofort hinterherzuschieben, dass dies aber natürlich eine schlechte Satire sei. Ganz gleich, ob Mohammed-Karikaturen, Papst mit Pissfleck, das Erdogan-Schmählied von Extra 3 oder das folgende Böhmermann-Gedicht und jetzt eben die Umweltsau: Immerzu muss jeder sein unglaublich erhabenes eigenes Niveau betonen, indem er oder sie sich zuerst vom niveaulosen Streitgegenstand distanziert. Das ist aber nicht nur im Regelfall verlogen, sondern es schadet auch der Sache. Erstens: Es ist für den Streit vollkommen unerheblich, ob die Satire gut oder schlecht ist, und deshalb hat dieses Argument in der Auseinandersetzung schlicht nichts zu suchen. Zweitens:

Es ist letztlich immer Geschmackssache, ob man eine Satire gut oder schlecht findet. Es gibt ja sogar Leute, die Karikaturen in der Süddeutschen Zeitung oder Mario Barth lustig finden. Vor allem aber drittens: Wenn man für die Kunstfreiheit der Satire eintritt, sollte man diese nicht in einem fort geringschätzen. Man stimmt den Angreifern nämlich immer bereits ein kleines bisschen zu, indem man ihnen devot entgegenruft: Ihr habt ja recht, das Ding ist schlecht, klar, aber hey, erlaubt sein muss es trotzdem. Die Angreifer haben aber nicht recht. Mit nichts. Sie sind dumm, ignorant und bösartig. Man muss ihnen nicht entgegenkommen, man muss sie bekämpfen.

2) Das Umweltsau-Lied ist keine schlechte Satire. Es ist eine ganz klassische Lied-Parodie, wie sie Standard ist im Kabarett- und Comedy-Gewerbe. Und übrigens auch auf den Lesebühnen. Die Umweltsau-Parodie hätte ohne Weiteres auch auf der Lesebühne »Frühschoppen« erklingen können, die dieses Genre seit 30 Jahren liebevoll pflegt. Sie hätte aber auch ebenso gut von uns Brauseboys in unserem Jahresrückblick gesungen werden können. Oder in der heute-show. Und in allen Fällen hätte das Publikum, dieses Urteil traue ich mir nach 25 Jahren als Bühnenkomiker zu, freundlich und belustigt reagiert. Das Lied hätte, wie wir das immer nennen, »funktioniert«, man hätte damit schön Lacher geerntet. Denn die Satire ist technisch sauber gebaut. Man kann über einzelne Reime streiten, aber das ist Schnöseltum. Abgesehen davon, dass die Vorlage, also das Original-Oma-im-Hühnerstall-Lied, ja nun auch nicht gerade Hochkultur ist, sondern bereits selbst ein eher rumpeliges Nonsens-Kinderlied darstellt. Es ist also absolut angemessen, es mit gleichen Mitteln zu parodieren, und formal ist das sogar besonders gut gelungen, weil der WDR für die Parodie des Kinderliedes eben einen Kinderchor genommen hat, was besser ist, als wenn die alten weißen Männer der

Brauseboys sie gebrummt hätten. Ansonsten erfüllt der Song alle Satirekriterien lehrbuchmäßig: Ein aktuelles politisches Thema wird im Rahmen einer gerade geführten Debatte aufgegriffen, überspitzt und pointiert, zudem, dazu gleich noch, ist der Aussagekern zutreffend. Und ganz lustig ist das Liedchen auch noch.

3) Oma ist nun mal eine alte Umweltsau. Der Aussagekern des Liedes ist zweifelsfrei korrekt: Der ökologische Zustand des Planeten ist erbärmlich, wir stehen mitten im größten Artensterben seit dem Ende der Dinosaurier und am Beginn eines vom Menschen verursachten Klimawandels, der schon jetzt zu katastrophalen Verheerungen führt, die jeder, der nicht völlig ideologisch borniert ist, mit eigenen Augen und Sinnen erleben kann. Meeresverschmutzung, dreckige Luft, ökologisch tote Landwirtschaftswüsten ... man könnte endlos weitermachen, und keines dieser Probleme ist durch die junge Generation verursacht worden, sondern eben durch die Eltern-, die Großeltern-, die Urgroßeltern-Generationen und auch noch durch die davor. Richtig Fahrt aufgenommen hat die globale Umweltzerstörung mit der Industrialisierung und dem sogenannten Wirtschaftswunder, das dafür gesorgt hat, dass jeder mit Auto und Elektrogeräten ausgestattet wurde samt zugehöriger Infrastruktur. Die Zuspitzung auf Oma als Umweltsau ist also sachlich vollkommen richtig. Wer jetzt damit kommt, dass Oma aber die Socken noch gestopft und nicht weggeschmissen hat, denkt kindisch naiv und nicht politisch. Oma mag noch Knöpfe angenäht haben, aber sie hat eben auch Parteien gewählt, die die Umweltzerstörung politisch ermöglicht haben, sie hat dafür gesorgt, dass regelmäßig Fleisch auf den Tisch kommt und dass sie mit Opa im Auto in Urlaub fahren kann. Das gilt natürlich auch für Uropa, Mama und Papa, aber zum einen steht Oma hier selbstverständlich stellvertretend

für die gesamte ältere Generation, was jedem mit minimaler Textauffassungsgabe sonnenklar ist, und zum anderen kommt hier die zweite Sachebene hinzu, nämlich die Kontextualisierung: Das Lied steht ja nicht im luftleeren Raum, sondern greift gezielt in die aktuelle Debatte um Fridays for Future ein, die wiederum nun einmal einen Aufstand von jungen Menschen gegen die mangelnde Handlungswilligkeit der älteren darstellen. Natürlich verhält sich auch die junge Generation nicht vorbildlich umweltgerecht, aber sie fordert immerhin, das zu ändern. Die reaktionäre Gegenhaltung dagegen zielt genau auf die Abwehr dieser Forderung. Es ist also sehr wohl auch ein Generationenkonflikt, und genau das greift das Umweltsau-Lied durchaus gekonnt auf.

4) Opa ist auch eine alte Umweltsau, aber das hat mit dem Oma-Lied nichts zu tun. Die Genderkritik am Lied, die es vereinzelt von links gab, ist schlicht albern. Erstens steht Oma hier, wie gerade ausgeführt, als Stellvertreterin für die Erwachsenen und nicht als Stellvertreterin für ihr Geschlecht, und kein Hörer und keine Hörerin würde das missverstehen, und zweitens muss eine Parodie nun einmal ihre Vorlage berücksichtigen.

5) Für das Omasau-Lied wurden keine Kinder instrumentalisiert. Die Kinder haben freiwillig, dem Vernehmen nach gerne und mit Zustimmung ihrer Eltern mitgemacht. Wer Kinder in dem Alter hat, wie ich beispielsweise, zweifelt keinen Moment daran, dass das stimmt. Meine Kinder jedenfalls würden mir schön was erzählen, wenn ich ihnen verbieten wollte, bei so was mitzumachen, wenn sie es gut finden, und ebenso, wenn ich sie zwingen wollte, dabei mitzumachen, wenn sie es nicht gut finden. Klar, bei den Rechten, die sich jetzt über die Instrumentalisierung von Kindern beschweren, mag es zu Hause

so üblich sein, dass die Kinder nicht mitreden und keine eigene Meinung haben dürfen. In normalen Familien aber ist das anders. Abgesehen davon: Solange Kinder als Messdiener, Hupfdohlen in Schützenvereinen oder Karnevalsumzügen, auf Wahlplakaten, in der Werbung oder bei sonstigen gutbürgerlichen Schweinereien eingesetzt werden, solange ist das Instrumentalisierungsargument sowieso vollkommen irre.

6) Das Gegenteil ist richtig: Die Omasau-Gegner machen sich der Kindestraumatisierung schuldig. Ich jedenfalls möchte mir nicht vorstellen, wie die Kinder, die mit Freude an dem Lied mitgewirkt haben und die in dem Video zu sehen sind, nun durch diese Debatte tatsächlich eingeschüchtert oder gar traumatisiert werden. Das aber ist den selbst ernannten Kinderschützern selbstverständlich vollständig egal. Kein Wunder, denn Kindeswohl ist ihnen sowieso gleichgültig, was sich ja bereits an der politischen Agenda ihres Kampfes gegen das Lied und damit gegen Umwelt- und Klimaschutz zeigt. Die wollen halt einfach weiter ungestört Auto fahren, und dabei wurden traditionell schon immer Kinder umgenietet, wenn sie im Weg standen.

7) Natürlich durfte der WDR das Lied produzieren und senden. Anderslautende Vorwürfe sind so dermaßen bescheuert, dass es gar nicht wert ist, groß darüber zu reden. Satire ist unstreitig Teil des öffentlich-rechtlichen Unterhaltungs- und Bildungsauftrags, das Lied ist eine klassische Satire, eine angebliche Verhetzung älterer Menschen findet darin nicht statt, was jeder erfasst, der über minimale Texterfassungs- und Satirekompetenz verfügt. Es mag Menschen geben, die darüber nicht verfügen, es ist aber nicht Aufgabe des WDR, sein Programm am dümmstmöglichen Zuschauer auszurichten, sonst dürfte er ja nur noch den Musikantenstadl und Dieter Nuhr

senden. Abgesehen davon darf man guten Gewissens davon ausgehen, dass die meisten Leute, die sich über das Lied empören, das gar nicht tun, weil sie wirklich glauben, es verhetze oder verletze alte Menschen. Sie wittern nur eine gute Gelegenheit, ihre politische Agenda gegen Umwelt- und Klimaschutz und gegen das öffentlich-rechtliche Fernsehen zu pushen.

8) Das einzig Skandalöse auf Seiten des WDR ist das Verhalten von Intendant Tom Buhrow, der sich durch die Löschung des Liedes in der Mediathek und die Kritik an seinen Produzenten zwar nicht als Umweltsau, aber eben doch als Kollegenschwein profiliert hat. Womit lustigerweise eine der Hauptforderungen der rechten Angreifer tatsächlich im Nachhinein noch berechtigt wurde, nämlich die nach dem Rücktritt dieses offenkundig inkompetenten und/oder überforderten Mannes.

AUF EFFIZIENZ GETRIMMT
Robert Rescue

22. Januar 2020. Auf dem Weg zum Klinikum habe ich diesen Gedanken vor Augen: Ich fahre in ein Krankenhaus, während in China gerade das Corona-Virus ausgebrochen ist. Die westliche Welt glaubt sich in Sicherheit, weil Asien doch weit weg ist, und auch China versichert, man habe das Problem im Griff. Doch die Pandemie nimmt ihren Lauf, weltweit werden immer mehr Fälle von Infizierten und Toten gemeldet.

Zwei Wochen später werde ich aus dem Krankenhaus entlassen. Scheiße, die BVG fährt nicht. Ich muss nach Hause laufen, komme an Leichen und ineinander verkeilten Autos vorbei, Häuser stehen in Flammen, Geschäfte sind geplündert.

Zu Hause angekommen, wühle ich mich durch Schuttberge, bis ich meine Wohnung erreicht habe. Ich koche mir einen Kaffee und atme durch. Ich bin wieder zu Hause und kann endlich zocken. 14 Tage konnte ich nicht spielen, ich habe mächtig Entzug. Ich starte den Computer. Wenig später stelle ich fest, dass das Internet nicht mehr funktioniert, und bin am Boden zerstört. Allmählich realisiere ich, dass die Welt, wie ich sie kannte, nicht mehr existiert. Ich gehe zum Fenster, öffne es und stürze mich hinaus.

Vermutlich kommt man auf einen solchen Gedanken, während man im Bus an den Reihenhausfassaden von Tegel vorbeifährt. Aber die Sache lässt mich nicht los. Im Krankenhaus gibt es Medikamente, oder die Patienten dort werden als erste mit einem Impfstoff versorgt. Ich sollte nach Waffen schauen, damit wir die »Verseuchten« zur Hölle schicken können. Ich fühle mich sicher und das wird mir die nächsten Tage erleichtern.

Ich habe mir nie vorstellen können, in einer WG zu leben. Zu viele Menschen auf zu wenig Raum. Deshalb habe ich mir ein Einzelzimmer gebucht. Die »Professor Dr. Friedegott Kasulke«-Suite. Der Namensgeber war, laut Wikipedia, ein bescheidener Arzt, der seine Kindheit in einem Armenkloster mit Auspeitschungen und Steinigungen verlebt hatte und später zeitlebens in einer Speisekammer hauste, weil er für die Verfehlungen der Menschheit Buße tun wollte. Ich hoffe, die Klinik hat bei der Gestaltung des Zimmers nur den Namen übernommen. Ich bin erleichtert, als ich die Suite betrete. Sie wirkt wie ein Hotel in einem Vorort der kirgisischen Hauptstadt Bischkek. Aber okay, man erkauft sich mit einem Einzelzimmer im wesentlichen Ruhe vor all diesen »Mitmenschen«.

Am nächsten Morgen ziehe ich mir den Patientenkittel an und bereite mich auf die OP vor.

Ich fühle mich entspannt und nehme die Pille ein, von der die Schwester behauptet, sie diene zur Beruhigung. Sie misst den Blutdruck – 180 zu 80. Das ist kurz vor dem Explodieren der Adern, vor dem Herzinfarkt, vor multiplem Organversagen. Dann werde ich durch die Gänge geschoben und habe bald jede Orientierung verloren. Ein wenig fühle ich mich wie auf dem Weg zur Hinrichtung mit der Giftspritze. Überall sind Betten unterwegs. Die Mitarbeiter vom Patientenbegleitservice, die tagtäglich Patienten von A nach B schieben, haben bestimmt so etwas wie einen Krankenhausbewegungsschein, Führerscheinklasse KBS. Was noch fehlt, sind Ampeln. Gelten die Vorfahrtsregeln? Nimmt mancher Pfleger mit überhöhter Geschwindigkeit die Ecke und rammt das Bett oder den Rollstuhl gegen die Wände? Verlieren sie an Treppen die Kontrolle und schicken die Patienten auf eine letzte Reise?

Krankenhäuser, die nur ein Obergeschoss haben, umfassen meist die Fläche von 150 Fußballfeldern und für die Orientierung braucht es jahrelanges Training. Ich habe mir von Schwestern berichten lassen, dass man gelegentlich Skelette von Patienten findet, die alleine von der Urologie zum Röntgen wollten und da rechts abgebogen sind, wo sie links hätten rein müssen. Bin ich überhaupt noch in der Klinik in Reinickendorf? Oder etwa in Köpenick? Dann bin ich im Anästhesie-Raum zur Vorbereitung. Noch etwa zehn Minuten, dann beginnt das Projekt. Die Sache, auf die ich mich seit Monaten vorbereite, zu der ich To-do-Listen abgearbeitet, Besuche beim Urologen und bei der Krankenkasse hinter mir, extra meine Wohnung aufgeräumt und eine automatische Bewässerung für meine Pflanzen eingerichtet habe, also eine Sache, zu der man in Berlin sagt, dass es »ein Projekt« ist. Kurz darauf erscheint das Gesicht des Chirurgen über mir. Er trägt keinen Mundschutz. Was hat das zu bedeuten?

»Wir müssen die OP leider verschieben«, erklärt er mir. »Die Klimaanlage im Raum ist defekt. Eine sechsstündige OP ohne Klimaanlage ist bei den ganzen Keimen, die sie als Patient so von sich geben, nicht zumutbar. Der andere OP-Saal kommt auch nicht infrage. Dort operiert Dr. Schrulle, ein ziemlicher Chaot, was seinen Umgang mit den Instrumenten angeht. Ich und mein Team würden uns da nie zurechtfinden. Außerdem aus hygienischen Gesichtspunkten nicht erträglich.«

»Aha«, sage ich, und das liegt an der Beruhigungspille. Viel lieber würde ich aufschreien und rufen: »Mein Projekt! Was ist mit meinem Projekt?«, lautstark Protest äußern und die augenblickliche Verlegung in eine andere Klinik verlangen.

Klimaanlagentechniker, denke ich. Klimaanlagentechniker müsste ich sein. Dann würde ich jetzt aufstehen, zum Gerät gehen, kräftig dagegen hauen, bis es wieder anspringt, mich wieder hinlegen und sagen: »Okay. Let's go.« Das wäre cool.

Die Klimaanlage, denke ich, ich habe so viele Dinge bei meinen Vorbereitungen geklärt, aber an die Klimaanlage habe ich nicht gedacht. »Der andere Saal«, presse ich hervor. »Können Sie sich Ihre Instrumente nicht rüberbringen lassen?«

»Könnte ich«, sagt der Chirurg. »Nur dauert das recht lange und soviel Zeit kann ich nicht mit Warten verbringen. In der Zeit liegen Sie hier rum und stören den Betriebsablauf. Sie wissen ja, Kliniken sind auf Effizienz getrimmt, und so eine Situation, wie sie gerade entstanden ist, nun ja, das ist höchst unmöglich.«

Danach kommt es mir vor, als würden die letzten zehn Minuten im Schnelldurchlauf zurückgespult. Wieder liege ich auf dem Bett und werde zurückgefahren in Richtung »Professor Dr. Friedegott Kasulke«-Suite. Ich habe das Gefühl, als würde mich der Pfleger regelrecht in mein Bett zurückschmeißen. Ich ziehe den Patientenkittel wieder aus und die Straßenklamotten an. Eine Urologin kommt herein und bringt mir auf einem Zettel den neuen OP-Termin mit. In drei Wochen. Oha, das geht schnell. Ich soll noch zur CT und auf dem Zimmer warten, bis ich abgeholt werde. Eine halbe Stunde später kommt eine Schwester herein: »Können Sie im Gemeinschaftsraum warten? Die Ärzte haben die Suite als frei gemeldet. Der nächste Patient wartet schon.«

Ich ziehe mit meinem Gepäck um. Eine Stunde vergeht. Dann kommt eine Schwester und meint, ich solle selbst zur CT gehen. Sie fragt, ob ich eine Begleitung brauche. Ich verneine und laufe los. Mir ist alles egal. Dann ende ich halt irgendwo im Flur zwischen Psychiatrie und Frauenheilkunde.

Irgendwann, es müssen Monate vergangen sein, lande ich auf einer Station nur mit Außerirdischen. Es wird klingonisch gesprochen. Ich gehe wieder zurück und erreiche nach unzähligen Abenteuern, die ganze Bücher füllen würden, die Station mit der CT.

Danach mache ich mich auf den Heimweg. Unterwegs muss ich an den Film »Der Sinn des Lebens« von Monty Python denken. Es gibt da diese Krankenhausszene mit der Geburt. Das Gerät, das PING macht und von dem niemand weiß, welchem Zweck es dient. Oder die teuerste Maschine im Krankenhaus, von der auch niemand weiß, welche Funktion sie hat. Ist es wirklich die Klimaanlage, die defekt ist? Oder eher das Gerät mit dem PING? Oder die teuerste Maschine?

Keine Leichen, keine verkeilten Autos, keine Häuser in Flammen, keine Schuttberge. Ich mache den Computer an. Das Internet funktioniert. Ich lese Nachrichten zum Corona-Virus. Verdammte Klimaanlage, wegen ihr musste ich die Insel der Seligen verlassen. Nun werde ich also hautnah miterleben, wie das Internet ausfällt, die gesellschaftliche Ordnung zusammenbricht und die Leiber fallen.

WIE ALLES BEGANN

MÄRZ 2020

PANDEMIEWALZER
Volker Surmann

Zu singen auf den »Schneewalzer«.

Immer wieder halt ich an,
denn wir treffen uns im Gang
zwischen Milch und Tiefkühlkost,
du mit Wurst und Schüttelfrost.
Ja, es war im Edeka,
es war voll und wenig da.
Zwischen Truhen tanzten wir,
um'nander zum Flaschenbier.

Den pandemischen Walzer tanzen wir!
Du kaufst Obst, Klopapier!
Beim pandemischen Walzer im Ernstfall,
ja, hier im Edeka, da ist heute ein Maskenball!

Und wir eiern draußen rum,
wirken druff oder sehr dumm,
haben Zeit zu unserm Glück,
'nen Schritt vor und zwei zurück.
Ja, wir tänzeln durch die Stadt
obwohl sie geschlossen hat,
Sound kommt dazu aus dem Stream:
Zappeln wir wie im Berghain drin.

Den pandemischen Walzer tanzen wir!
Ich mit Bier, du mit Tier!*
Beim pandemischen Walzer in Berlin.
Ja, da bleib'm wir mal drin, weil wir gar nicht tanzen könn'.

---

* Einkaufen und Gassigehen ist ja erlaubt.

BLÖDER VIRUS
Frank Sorge

Meinen vierjährigen Kindern ist eine Pandemie nicht so einfach zu erklären. Die Einschränkungen nehmen sie hin, die Absagen von Kita und Kindergeburtstagen, nicht mit einkaufen zu gehen, und im kindlichen Optimismus sehen sie gleich darin eine Chance. »Aber es ist auch schön, Zeit mit euch zu verbringen«, sagt meine Tochter schon am Anfang der ersten Lockdown-Woche. Das stimmt, und mir fällt ein, wie ich vor Kurzem jemandem erzählt habe, leicht besorgt, dass sie schon in diesem Alter einen ziemlich straffen Zeitplan für den Alltag hätten. Dieses Jahr dann vermutlich doch nicht so sehr.

Auch ich denke nicht in erster Linie daran, dass meine Existenzgrundlage mit Lesungen und Workshops komplett zusammenbricht, sondern dass ich vielleicht mehr Zeit zum Schreiben finde. Nennt mich ruhig naiv, aber vielleicht muss man der Sache auch alles abringen, was gute Laune machen kann. Auch wenn die ansteckend ist.

Für meinen Sohn ist es dennoch sehr schnell der »blöde Virus«. Alles, was man draußen sonst mit den Kindern machen könnte, hat zu. Und jetzt hat auch noch das Draußen selbst sozusagen geschlossen. Drinnen ist auch viel, aber wie viel das Drinnen ist, das zeigt sich erst bald wirklich, wenn die Wochen ins Land ziehen. Gearbeitet werden soll trotzdem, die Bauarbeiter beobachte ich im Moment in drei Richtungen aus den Fenstern der Wohnung. Der Berliner Wohnungsmarkt: Wird er sehr leiden, wenn auf jede Besichtigung nicht fünfzig

Besichtiger zusammenkommen? Die Airbnb-Wohnungen gegenüber werden auch nicht mehr genutzt. Hoffentlich können sie die Dachdecker auf demselben Haus bezahlen, wenn die mal fertig sind. Blöder Virus.

Natürlich sind wir in allem vorsichtig und sorgfältig beim Händewaschen, aber eine Diskussion mit Kleinkindern über das Popeln ist schwierig. Nicht das Gespräch, sondern weil schon dabei weitergepopelt wird, weil es in jedem Falle wirkungslos verpuffen wird. Da muss man sich nur selber an die Nase fassen.

»Alle Kinder auf der Welt«, hebe ich zu einer Erklärung an, denke aber noch, dass es natürlich nicht nur die Kinder betrifft, »sollten jetzt zu Hause bleiben und nicht popeln.«

»Jaja, ich weiß«, sagt mein Sohn. »Blöder Virus!«

Im Gespräch mit einer anderen Mutter der Kita-Kinder hatte ich schon letzte Woche vermutet, dass den Kindern das ständige Händewaschen womöglich ähnlich in Erinnerung bleiben wird wie uns von Tschernobyl, dass wir zum Beispiel keine Milch trinken sollten. Natürlich konnte sie dem Gedanken überhaupt nicht folgen und nichts davon erinnern, ich vergesse oft, dass die meisten hier zehn Jahre jünger sind als ich – also die Eltern.

Distanz zu wahren, das geht natürlich nicht in der Familie. Wir sind ein gemeinsames Immunsystem. Wer hier popelt, popelt für alle. Familie ist Antidistanz, per se, kann man nichts gegen machen.

Was ich eine Weile nicht mehr machen werde, ist Zombie-Filme zu gucken. Fand ich sonst immer ganz gut. Ums Händeschütteln tut es mir nicht so leid, musste ich eh jahrelang üben, außerdem sind die Hände rau und rissig. Die verordnete Entschleunigung fällt vielen nicht leicht, umso mehr denen, die jahrelang über einen Mangel an Entschleunigung geklagt haben. Derartige Luxusprobleme sind angesichts der Weltlage aber zu marginal, um sie sich jetzt ins Fenster zu stellen. Im Spätkauf nebenan wird eine Party gefeiert, und ich ärgere mich über die Sorglosigkeit, und dass ich noch Tabak kaufen muss.

»Ich rauche zwar nicht mehr, aber ich nehme hundert Päckchen.«

Spätnachts genieße ich die Stille der Stadt, lausche in den Himmel und höre kein Auto mehr fahren. Ist das schön? Auf eine Art. Solange man nicht weiterdenkt.

AUSTIN, WIR HABEN EIN PROBLEM
Heiko Werning

Es ist ja nicht so, dass ich mich nicht vorbereitet hätte: Vor dem Essen, nach dem Essen – Zähne putzen nicht vergessen! Dann die Hände waschen und dabei zwei Mal im Kopf »Happy Birthday« singen. Schließlich auf Facebook nachgucken, was Christian Y. Schmidt, das Orakel aus dem Morgenland, diese eindrucksvolle Mischung aus Grumpy Cat und einem chinesischen Faltenhund, zum Virus zu verlautbaren hat. Das übliche Corona-Programm also. Aber die Reise nach Texas ist schon gebucht, meine Anwesenheit beim Technologie- und Musik-Festival »South by Southwest« in Austin aus dringlichen Gründen (in meinem Fall nämlich: die Rettung von Fröschen und Salamandern, andere Geschichte) geboten, und das Orakel aus dem Spätabendland, Donald Trump, hat gerade erst versichert, dass es in den USA absolut kein Problem mit dem Corona-Virus gebe, und wenn Donald Trump etwas sagt, das wissen wir alle, dann stimmt das auch. Also fliege ich halt los nach Austin, mit ein paar Tagen Vorlauf, denn eine gute Freundin wohnt dort, und wenn ich schon mal nach Texas fliege, dann natürlich nicht, ohne dass wir zuvor ein wenig in die Wüste auf Reptiliensuche fahren.

Der Flug ist seltsam. Aus Virus-Angst ist die Maschine halb leer, meine Sitznachbarn beäugen mich skeptisch und sprühen ständig mit Desinfektionszeug herum, wenn ich mich mal räuspere. Bei der Einreise in die USA hingegen alles wie immer: lange, eng stehende Menschenschlangen vor den

Schaltern, gründliches Abtasten durch die Homeland Security mit vollem Körperkontakt, demonstrative Gelassenheit. Hier hat man, anders als in Europa, von diesem Virus ganz offensichtlich noch nie gehört.

In Austin ist die Stimmung bei schönstem Frühlingswetter ebenfalls entspannt. Abends gehen wir zur Begrüßung erst einmal in eine vollgepackte Kneipe, um uns einige der exzellenten lokalen IPAs zu gönnen. Die Mär vom schlechten Bier in den USA ist ja schon seit vielen Jahren absurd, kaum irgendwo wird eine solche Vielfalt an Kleinstbrauereien mit ganz unterschiedlichen Bierkreationen gepflegt. Ein Hoch auf das Craftbeer!

Die Essensauswahl ist sehr texanisch. Sie erklärt aber vielleicht, warum niemand Angst vor dem neuen Virus hat. Denn hier wird, vermutlich aus Seuchenschutzgründen, einfach alles frittiert. Zwiebelringe sowieso, aber auch Artischocken, Käse, Auberginen und sogar Snickers, da hat kein Virus der Welt eine Chance. Vermutlich für bereits an Covid-19 Erkrankte gibt es sogar »Fried Butter«, kein Witz. »Fried Butter« – das heißt nicht nur so, es ist auch das, wonach es klingt. Warum auf einen Impfstoff warten, wo die frittierte Butter doch schon erfunden ist?

Am nächsten Tag geht es dann los. Auf in die Big-Bend-Region im Westen von Texas! Nirgendwo auf der Welt könnten wir sicherer vor einem Virus sein, denn dort gibt es praktisch keine Menschen. Wir sind gerade im bizarren deutschen Westausleger Fredericksburg angekommen, als der Mann meiner Freundin uns die Meldung aufs Handy schickt, dass die »South by Southwest« aus Sorge vor dem Corona-Virus abgesagt worden sei. Na sowas. Da bin ich wohl ganz umsonst nach Texas gekommen. Und habe plötzlich zwei Wochen frei, stelle ich verblüfft fest. Na gut, da wird sich schon was finden.

Wir bleiben also gelassen, wenn auch ein abendlicher Internet-Check in einem gottverlassenen Nest irgendwo an der I-10 weitere beunruhigende Virus-Nachrichten aufs Handy befördert. Irgendwie scheint sich das Tempo gerade deutlich zu erhöhen. Aber andererseits, in diesem hintersten Winkel der Welt ist das Virus weit weg. Wir haben uns sozusagen freiwillig in Quarantäne begeben.

An der Ranger-Station des Big Bend Ranch State Parks gibt es WLAN, und wo es WLAN gibt, so stellen wir fest, gibt es auch das Virus. Die Nachrichten aus Europa überschlagen sich. Nachdenklich schlagen wir unser Zelt zwischen großen Yuccas, Agaven und Ocotillos auf, werfen den Kocher an und fühlen uns wie in einem Katastrophenfilm. Die beiden Helden auf Expedition in der Wildnis, und wenn sie nach Wochen der Einsamkeit wieder zurück nach Hause kommen, liegt alles in Schutt und Asche.

Mittwoch, 11. März. Die Freundin muss morgen wieder in Austin arbeiten, also geht es zurück. Unterwegs bekommen wir eine Nachricht ihres Mannes auf das Handy: Trump hat ab Samstag einen Einreisestopp für alle Europäer verkündet. Ich bin fassungslos. Und mir wird schnell klar, was das bedeutet: Die Flugzeuge werden kaum auf Dauer nur noch one-way mit Passagieren fliegen. Mein Rückflug aber geht erst in zehn Tagen. Werden dann überhaupt noch Flugzeuge fliegen?

Auch in Austin ist das Virus inzwischen spürbar. Beim Einkaufen im Supermarkt stehen wir staunend vor leer gefegten Regalen. Kein Desinfektionsmittel mehr zu kriegen. Dasselbe beim Klopapier: gähnende Leere. In einem Supermarkt! In den USA! Wie ein kleines Mahnmal hängt vor den leeren Regalen noch ein Schild, das verkündet, jeder Kunde dürfe nur zwei Einheiten Klopapier kaufen, damit genug für alle da sei. Hat nicht geklappt. Verdammt. Auch mein Plan zur Refinanzierung der Reise droht zu scheitern. Die Bierkühlschränke dagegen – zum Bersten voll. Sie kaufen das Klopapier weg, aber lassen das Bier stehen. Das ist nicht mehr mein Kapitalismus!

Mir würden auf Anhieb ja ungefähr 137 Artikel einfallen, die mir weit wichtiger scheinen im Pandemie-Fall als ausgerechnet Klopapier. Was wissen die Leute alle, was ich nicht weiß? Ist da eine große Verschwörung im Gange?

Offenbar tatsächlich. Davon berichten jedenfalls auch die Kommentatoren auf Fox News und in anderen unabhängigen Medien. Einer erklärt, dass das Virus eine Art biologischer Kampfstoff der Chinesen sei, um die amerikanische Wirtschaft zu schwächen. Ein anderer behauptet, es sei der Versuch der Demokraten, das Impeachment doch noch durchzusetzen. Trump selbst vergleicht es mit der Grippe, die aber viel gefährlicher sei und viel mehr Opfer fordere. Womit er analog zu Dieter Nuhr argumentiert, der sich beklagt, dass er wegen diesem »besseren Schnupfen« nicht mehr auftreten dürfe. Lasst ihn doch! Vor möglichst vielen Leuten! Damit diese Trottel alle sterben? Nein, natürlich nicht. Das verbietet der Humanismus, auch wenn eine Welt ohne Dieter Nuhr und ohne Dieter-Nuhr-Fans natürlich eine schöne Vorstellung wäre. Aber dazu würde es ja gar nicht kommen: Ein Dieter-Nuhr-Programm hält der härteste Krankheitserreger nicht aus, bei seinen Witzen implodieren zermürbt selbst die widerständigsten Viren. Der Mann wirkt besser als ein Vollbad in Sterilin!

In Austin diskutieren wir ausgiebig, was zu tun sei. Einerseits bin ich nun schon mal in Texas, da gäbe es reichlich zu sehen, und mein Rückflug geht erst in zehn Tagen. Andererseits zeigt ein neuerlicher Blick ins Internet: Zwar bin ich nun schon mal in Texas, aber, wie ich der Lufthansa-Seite jetzt entnehme, mein Rückflug geht doch nicht in zehn Tagen, sondern überhaupt nicht. Leider könne man mir auch keinen Alternativflug anbieten, lese ich verblüfft. Die Lage beginnt mich zu beunruhigen. Austin, wir haben ein Problem!

Bei Lufthansa ist weder in Deutschland noch in den USA jemand zu erreichen, es gibt nicht einmal eine Warteschleife. Eine kurze Ansage informiert mich, ich solle es halt irgendwann noch mal probieren, und dann kann ich doch noch mit Lufthansa fliegen, nämlich aus der Leitung. United Airlines immerhin hat noch eine Warteschleife, und wir haben Bier. Wir schalten den Handylautsprecher ein, hören einen scheppernden Mix schrecklicher Musik und Warteschleifenansagen und betrinken uns.

Nach zwei Stunden in der Hotline dringen wir bei United tatsächlich zu einem leibhaftigen Mitarbeiter vor. Erst befürchten wir, zu betrunken für das Gespräch zu sein, aber dann gelingt es uns doch noch, einen Flug für den nächsten Tag zu ergattern, den letzten vor dem Travel Ban.

Die Rückreise ist gespenstisch. Ich hätte ja vermutet, dass jetzt alle versuchen, schnell noch wegzukommen, aber der Flughafen in Austin ist fast verwaist. Die sind alle schon weg! Meine Freundin hatte mir noch ein kleines Fläschchen Handdesinfektionsmittel mitgegeben, aber schon kurz nach Betreten des Flugzeugs nach New York merke ich, dass ich damit hoffnungslos underdressed bin. Alle Passagiere tragen Mundschutz und wischen mit Desinfektionstüchern an jeder erdenklichen Fläche herum oder besprühen gleich großflächig die nähere Umgebung mit Zerstäubern. Wenn wir nicht am Virus sterben, dann vermutlich an den Desinfektionsdämpfen, die durch den Flieger wabern. Meine Sitznachbarin hat gerade die ganze Dreierreihe sterilisiert, als ich zu meinem Platz komme. Das ist ja praktisch, denke ich. Sie schaut sehr unglücklich, als ich mich neben sie setze, dann packt sie ihre Sachen und zieht woanders hin. Das Flugzeug ist so leer, dass man sich tatsächlich eine eigene Reihe aussuchen kann. Man muss sich aber nicht einsam fühlen. Wenn man mal kurz hüstelt, hat man die volle Aufmerksamkeit aller ganz für sich allein.

Auch in New York hat die Stimmung sich im Lauf der letzten Tage grundlegend geändert. Viele Menschen mit Atemmasken, überall versichern Schilder, dass alles gründlich desinfiziert werde. Das ist allerdings auch nötig. Denn in den Flughafenbars gibt es gar keine klassischen Speisekarten mehr, sondern nur noch Tablets, auf deren Displays man herumwischen muss, selbst wenn man nur ein Bier bestellen will. Zu dem Zeitpunkt war noch nicht abzusehen, welches Drama sich in den kommenden Wochen in New York entwickeln würde, aber rückblickend hätte ich eine Idee, wie das Virus sich in der Stadt so gut ausbreiten konnte.

Der Flieger nach Berlin entpuppt sich dann praktisch als Privatjet, so entspannt bin ich noch nie geflogen.

Nach der Landung in Tegel schalte ich den Flugmodus aus, schaue aufs Handy und lese, dass der Senat beschlossen hat, ab heute Abend alle Kneipen zu schließen. Geschlossene Kneipen in Berlin? Fassungslos reibe ich mir die Augen, starre nochmals auf mein Display, aber es steht immer noch da. Geschlossene Kneipen in Berlin!

Nun ist es also doch noch passiert. Nach einer Woche in der Wüste komme ich zurück, und es liegt tatsächlich alles in Schutt und Asche. Was für ein blöder Film! Hoffen wir mal, dass er nicht allzu lange dauert und ein Happy End hat.

RICHTIG HÄNDE WASCHEN!
Nils Heinrich

Am Anfang einer Pandemie ist Hygiene sehr wichtig. Der Mensch hat das Rad erfunden, und er kann Atomraketen ins Weltall schießen. Und jetzt, mehr als zweitausend Jahre nach Jesus und zum Start der Corona-Tagebücher, lernen wir kurz noch, wie man sich richtig die Hände wäscht. Man dreht den Wasserhahn so auf, dass möglichst brodelndes Wasser rauskommt. Es soll selbst zum Teebrühen zu heiß sein. Keine Seife im Haus? Schnell die eigene Mutter besuchen. Das ist die Frau, die einen immer erschreckt, weil sie als Einzige auf dem Festnetztelefon anruft. Besuchen Sie die Frau. Gehen Sie in ihr Badezimmer. Schauen Sie dort im Schrank nach.

Mit absoluter Sicherheit erblicken Sie dort den Kölner Dom, nachgebaut aus vielen hundert Seifenstücken. Direkt daneben hektoliterweise Kölnischwasser! Sie haben Ihre liebe Mutter lange als Prepperin verhöhnt, dabei hat sie einfach nur die Nachkriegszeit erlebt, den kalten Krieg auf der falschen Seite (DDR), »Wetten, dass ..?« mit Wolfgang Lippert, die Trennung von Take That und die Agenda 2010 unter Gerhard Schröder. Klarer Vorteil. Packen Sie also alle Seifenstücke, die Sie tragen können, in einen Ihrer drei mitgebrachten Bundeswehrrucksäcke.

Jetzt – das Wasser im Waschbecken läuft ja schon – seifen Sie jeden Ihrer zehn Finger einzeln ein. Mehrmals von oben nach unten. Singen Sie pro Finger fünfmal die Nationalhymne – egal aus welchem Land.

Nun haben Sie den Säureschutzmantel Ihrer Haut komplett zerschossen, aber wenigstens ist das elende Drecksvirus jetzt zu schwach, um hier und heute noch irgendwas zu infizieren! Zum Schluss noch ganz wichtig: Rubbeln Sie, um die bedingungslose Kapitulation des Keims unabwendbar zu machen, die wundgescheuerten Spitzen Ihrer Schrumpelfinger kreiselnd und mit kräftigem Druck über den Handteller. Solange, bis dort ein keltisches Sonnensymbol erscheint, das noch heißer brennt als die Sonne. Löschen Sie dieses mit 4711 ab. Herzlichen Glückwunsch, Sie haben das Virus endgültig eliminiert.

Sollten Sie keine Mutter mehr haben, verfügen Sie leider nicht über Seife und 4711. Also mischen Sie sich einen Seifenersatz aus Zahnpasta und Rohrreiniger in Ihrem 30-PS-Küchenmixer, den sie bei QVC bestellt haben. Und in dem Sie hin und wieder aus Kartoffelschalen, Kohlrabiblättern und kalter Spinatpizza grünen Smoothie schreddern, um die Kinder zu ärgern.

Verteilen Sie Ihre Selfmade-Flüssigseife großzügig auf beiden Händen und rubbeln Sie den Todeskeim mit Ako Pads oder Schleifpapier kräftig in den Abfluss! Sprechen Sie dabei dreimal das Vaterunser. Wenn Sie das nicht mehr auswendig draufhaben, dann sagen Sie Alexa, dass sie das Vaterunser aufsagen soll.

Jetzt sind Sie keimfrei genug, um bis zum Herbst zu überleben. Das einzig Dumme ist: Ihr Klopapier reicht nur noch für eine Woche.

Aber dafür wissen Sie ja jetzt, wie man sich richtig die Hände wäscht.

HOMEOFFICE IN ZEITEN DER GROSSEN VORRATSHALTUNG

Thilo Bock

Von jetzt auf gleich sind wir zu Hausarrest verdonnert. Wer jetzt allein ist, wird es lange bleiben und hat hoffentlich nicht nur Klopapier und Nudeln gehortet.

Meine Eltern sind Kriegskinder. Und West-Berliner. Die haben die Vorratshaltung mit Magermilchpulver aus der Senatsreserve aufgesogen. Und nicht nur, dass es in der ganzen Halbstadt damals 700 Warenlager gab, die Bevölkerung sollte sich zudem selber bevorraten für den Ernstfall. So hatten wir im Keller eine private Senatsreserve, teilweise mit Produkten, die dort schon so lange ihrer Öffnung harrten, dass sie inzwischen auf dem Index irgendeiner Gesundheitsorganisation gelistet waren, weil man von den ausströmenden Gasen entweder blind werden oder nach dem Verzehr Skorbut bekommen konnte.

Obwohl ich dem elterlichen Vorbild nie ganz entronnen bin, ist meine Seife fast alle. Wie konnte das passieren? Wo doch Händewaschen gerade das ganz große Ding ist, gleich hinter Toilettenpapier. Einmal in der Discountdrogerie, nutze ich die Gelegenheit und besichtige die leeren Regale. Auch mal schön, so im Zeitalter des Überflusses.

Es soll ja Menschen geben, nennen wir sie Männer, die ihren Hamsterkauf damit entschuldigen, dass ihnen ihre Frau aufgetragen habe, acht Rollen Toilettenpapier zu besorgen, sie dies aber im Eifer der Schlacht am Hygieneregal durcheinandergebracht hätten und deswegen … na ja.

Dieselben Leute geben statt zwei Zehen Knoblauch gleich

zwei Knollen ins Essen, weil sie das Rezept nicht richtig lesen, und wundern sich dann, warum sie vereinsamen. Für die ist die aktuell angesagte soziale Distanzierung nichts Neues. Die stört auch nicht, wenn man sie an der Kasse böse anschaut. Die kaufen lieber noch ein paar Packungen Küchenrollen dazu. Man kann ja nie wissen.

Küchenrollen sind nämlich ebenfalls alle. Das bemerkt ein Mann in der Discountdrogerie. »Putzen die Leute jetzt etwa damit ...?«, wagt er seine Frage gar nicht auszuformulieren. »Nehm ich an«, sagt der Angestellte. »Das sollte man allerdings nie im Klo runterspülen. Das verstopft sonst.«

Kurz stelle ich mir vor, dass in wenigen Wochen überall in Deutschland die Toiletten überlaufen, aber leider keine Handwerker zu Verfügung stehen, weil die alle Homeoffice machen, als ich bemerke, dass der Drogeriefachangestellte dabei ist, ein Regal mit Desinfektionsmitteln aufzufüllen. Mir zuckt es in den Fingern. Das wäre die Gelegenheit, mein krisengeschwächtes Einkommen durch einen für mich neuen Geschäftszweig aufzubessern, mir jedoch insgesamt zu blöd. Soll ich mich mit dem Zeug dann nachts an die Ecke stellen und Menschen mit Mundschutz hinterherzischeln, ob sie nicht was bräuchten?

Nee, ich mach lieber ebenfalls Homeoffice. Komisches Gefühl. Alle machen jetzt das, worin ich mich seit über zwanzig Jahren übe. Im Grunde ist es bei mir also wie immer. Nur dass jetzt die Nachbarn zu Hause zu sein scheinen. Mit ihren Kindern. Ich glaube, die spielen was. Hört sich nach Badminton an.

Weil ich mich so nicht konzentrieren kann, koche ich mir einen Getreidekaffee aus dem Nachlass meiner toten Oma, um mich ein bisschen wie während der Berlinblockade zu fühlen, und schaue raus auf die Straße. Ein junger Mann, Marke Hipster, geschützt mit Mundmaske und verspiegelter Sonnenbrille, hat zwei Pakete Toilettenpapier und eins mit Küchenrollen in den Händen sowie einen großen Sack Reis.

DER CORONA-FÜHRERSCHEIN
Volker Surmann

Über Ostern kam es bundesweit wieder verbreitet zu Verletzungen der Kontaktbeschränkungen. Bundesgesundheitsminister Jens Spahn erwägt daher nun, einen »Fußgängerführerschein« einzuführen nach dem Vorbild der theoretischen Fahrprüfung. Nur wer diesen Test besteht, darf noch vor die Tür.

1. Im Supermarkt beggenen Ihnen zwischen den Tütensuppen und Teigwaren an der Kreuzung zu den Hygieneartikeln von links eine Angehörige einer Risikogruppe, die in Ihren Gang einbiegen will, von rechts ein junger Mann mit Mundschutz und Baby auf dem Arm. Der Gang zu den Hygieneartikeln (vorne) ist durch einen Damenbinden nachlegenden Supermarktmitarbeiter blockiert. Wer darf zuerst gehen?
A   Der junge Mann kommt von rechts, daher darf er zuerst passieren.
B   Ich lasse der Angehörigen der Risikogruppe den Vortritt, trete zwei Schritt zurück und lege mich unten ins leere Nudelregal, um die 1,5 Meter Sicherheitsabstand zu wahren.
C   Ich nehme meinen Mundschutz ab und huste mir den Weg frei.

2. Sie befinden sich auf einem 1,20 Meter breiten Gehweg. Ihnen kommt eine Frau mit Mundschutz und hustendem Kind entgegen. Wie lösen Sie die Situation?
A   Wir bleiben im Abstand von 1,5 Metern stehen und klären

per Schnick-Schnack-Schnuck, wer bis zur letzten Kreuzung zurücklaufen muss.

B Ich passiere die beiden mit gesenktem Kopf und halte dabei den Atem an.

C Ich springe auf die Straße in den fließenden Verkehr, dort habe ich eine höhere Überlebenschance.

3. Jemand mit starken Erkältungssymptomen studiert im Supermarkt die Inhaltsstoffe einer Packung Nudeln und legt sie anschließend zurück ins Regal. Es ist die letzte Packung. Wie verhalten Sie sich?

A Es ist verdammt noch mal die letzte Packung, und zu Hause habe ich nur noch sieben Packungen. Was bleibt mir anderes übrig? Ich kaufe sie trotzdem.

B Ich kaufe Reis. Oder Kartoffeln. Hauptsache Kohlenhydrate. Zur Not gibt's heute Cornflakes mit Tomatensoße.

C Ich kaufe die Packung trotzdem, koche die Nudeln aber in 80-prozentigem Alkohol.

4. Sie werden von Freunden zu einem Spieleabend eingeladen. Gehen Sie hin?

A Ja, aber ich desinfiziere das »Siedler«-Spiel gründlich und schreibe auf jede Lehm-Karte »FFP2-Masken«.

B Ja, aber ich nehme Gepäck für 14 Tage mit.

C Nein, schon die Einladung zeigt, dass dies nie meine Freunde gewesen sein können. Ich zeige sie beim Ordnungsamt an.

5. In einem nur 90 Zentimeter breiten Bereich unter einem Baugerüst begegnen Sie einem etwa 30-jährigen Jogger. Wie reagieren Sie?

A Wir bleiben in 1,5 Metern Abstand voreinander stehen und warten, bis die Kontaktsperre aufgehoben wird.

B   Wir verständigen uns, wer von uns über den Boden robbt und wer sich oben am Baugerüst entlangschwingt, um den Mindestabstand wenigstens vertikal einzuhalten.
C   Wir scheißen auf das Ansteckungsrisiko, geben uns im Vorbeigehen einen Zungenkuss und bilden für die nächsten 14 Tage eine Hausgemeinschaft.

6. Sie müssten jetzt wirklich dringend mal zum Frisör. Wie gehen Sie mit der Situation um?
A   Scheiß drauf, schlimmer als bei Christian Drosten wird's schon nicht werden.
B   Der Sohn meiner Nachbarin hat eine Freundin, von deren Bruder die Cousine in einem ehemaligen Neuköllner Kohlenkeller eine Schwarzschererei betreibt. Ist allerdings nicht billig.
C   Ich bestell mir ein Album von Iron Maiden und üb schon mal Headbangen.

7. Ihr 16-jähriger Sohn möchte sich gern mit seiner Freundin treffen. Lassen Sie das zu?
A   Ja, aber nur tagsüber im Park auf zwei Decken mit fünf Metern Abstand.
B   Nein, die hat sicher Corona. Ich zeige mich aber verständnisvoll. Wenn ihre Beziehung diese paar Monate übersteht, weiß er immerhin, dass sie die Richtige ist. Zudem erlaube ich ihm, jederzeit und überall in der Wohnung, so oft er will, zu onanieren.
C   Ja, klar doch! Wenn der Bengel aus dem Haus ist, bleibt mehr Bandbreite für mich. Endlich ruckelfrei netflixen!

8. In der Kassenschlange im Supermarkt tragen alle Mundschutz, ausgenommen eine etwa 80-jährige Dame, die ihren Einkaufswagen abstandslos in Ihre Hacken rammt. Dann

legt sie mit schmutzigen Händen ihre Waren aufs Band. Was tun Sie?

A Da die Frau alles vergessen hat, was man uns seit Wochen einbläut, rufe ich den Amtsarzt an, der sie wegen akuter Demenz zwangseinweist.

B Ich erkundige mich freundlich nach ihrer Adresse und biete an, künftig für sie einzukaufen, da sie sehr offensichtlich Hilfe bedarf.

C Ich nehme den Mundschutz ab und brülle »Für dich Schnepfe machen wir doch den ganzen Scheiß!« und bewerfe sie mit meinen unbezahlten Biotomaten. Anschließend nehme ich den Applaus der Umstehenden entgegen.

9. Ihnen kommt auf dem Gehweg eine sechsköpfige Patrouille von Ordnungsamt und Polizei entgegen. Sie blockieren den Weg. Wie reagieren Sie?

A Ich zeige das Ordnungsamt bei der Polizei an wegen Verletzung des Kontaktverbotes. Und die Polizei beim Ordnungsamt.

B Ich rufe den Staatsschutz an, weil ich gerade Zeuge einer nicht angemeldeten Demonstration bin.

C Ich singe »Hier fliegen gleich die Löcher aus dem Käse«, die Patrouille formiert sich zur Polonaise, und ich kann vorbei.

10. Sie bemerken, dass Ihnen in den letzten Wochen Markus Söder sympathisch geworden ist. Wie gehen Sie damit um?

A Was heißt »sympathisch«? Er ist mein Held! Ich schreibe ihm Liebesbriefe!

B Macht nix. Das grüne Parteibuch kann ich ja trotzdem behalten.

C Ich mache mir keine Sorgen. Das ist wie bei Corona: Früher oder später stellt sich dagegen eine Immunisierung ein.

DAMALS

APRIL UND MAI 2020

ERNÄHRUNGSBERATUNG
Robert Rescue

»Haben Sie viele Fragen, wollen Sie nur ein paar Infos, oder haben Sie gar kein Interesse an dem Thema?«

Frau Jentzsch klingt nicht so, als ob sie besonders motiviert sei zu ihrem Job. Sie informiert bei dem Reha-Träger die Patienten über die Ernährung bei Krebs. Ich glaube nicht, dass jemand schon einmal viele Fragen hatte. Die meisten werden sich vorab bei Google oder ihrem Arzt informiert haben.

Was soll ich ihr antworten? Allzu deutliches Desinteresse zeigen, erscheint mir unhöflich, aber allzu viel will ich darüber auch nicht wissen. Die Mitte wäre also optimal: »Ein paar Infos wären hilfreich.«

Frau Jentzsch atmet hörbar aus. »So gesehen gibt es keine krebsgerechte Ernährung«, sagt sie dann. Ich bin etwas enttäuscht. War das alles? Mit ein bisschen mehr hätte ich schon gerechnet.

»Sprich, Sie können essen, was Sie wollen«, hebt sie jetzt an. »Nur müssen Sie damit rechnen, dass vieles davon abträglich für die Gesundheit ist. Die aber sollten Sie im Blick behalten, denn nur eine gesunde Ernährung schützt Sie nachweislich vor weiteren Krebserkrankungen. Der wichtigste Baustein einer solchen Ernährung ist selbstverständlich Gemüse.«

Und da ist das Stichwort gefallen. Erst mal so ein wenig Geplänkel mit »gibt keine richtige Ernährung«, dann ein in Sicherheit wiegendes »Sie können essen, was Sie wollen«, dann ein überfallartiges »Aber natürlich gibt es Nahrung, die das eine begünstigt und das andere verschlechtert« und schließlich dann »Gemüse«. Wäre auch zu schön gewesen, wenn sie zu einem fetttriefenden Döner oder einem Burger-Menü geraten hätte. Gemüse, immerzu nur Gemüse. Gemüse hier, Gemüse da. Das Thema geht mir auf den Keks. Kein Fleisch essen? Was soll dann aus mir werden? Ein körnerfressender Hippie, der beim Yogi-Tee im Treffpunkt-Café im Prenzlauer Berg über die krebshemmende Wirkung von Kohlrabi, Brokkoli und Rosenkohl referiert?

Im Krankenhaus hatten wir so einen, so einen riesigen, übergewichtigen »Universalgelehrten«, der den Rauchern die Vorzüge der genannten Gemüse anpries. Er erzählte irgendwas von Phagen, die für den Zelltod von Krebszellen verantwortlich und die im Gemüse irgendwie »drin« sind. Klar, im Krankenhaus sprechen die Patienten ständig über ihren Befund, und wenn du fünf Krebspatienten an der Raucherinsel stehen hast, dann reden die über Krebs und was man dagegen tun kann. Oder auch nicht mehr tun kann. Man müsse die genannten Gemüse »richtig kochen«, so der schlaue Riese, damit sie die volle Wirkung erzielten, und diese über einen Zeitraum von zehn Jahren täglich zu sich nehmen.

Zehn Jahre täglich Kohlrabi, Brokkoli und Rosenkohl? Hat der sie noch alle? Da wird mir doch spätestens nach einer Woche speiübel, und ich stehe wieder an der Theke von Murats Döner, um was Ordentliches zu essen.

Ich habe nichts gegen Blumenkohl und Brokkoli, aber was gegen Rosenkohl. Rosenkohl schmeckt zum Kotzen. Wer Rosenkohl mag, hat die Kontrolle über sein Leben verloren. Ich habe auch was gegen Mais, weil der nicht richtig verdaut wird. Vermutlich ist Mais von der Natur gar nicht zum Verzehr vorgesehen, aber irgendwann hat mal so ein Gemüsevorfahre an einem Kolben rumgenagt und ein paar seiner Kumpels haben es ihm nachgemacht, während die Fraktion der Mammut-

Steak-Feinschmecker von der Feuerstelle aus kopfschüttelnd zugeschaut hat.

Hin und wieder mal ein Salatblatt zum Steak, klar, das kann man machen. Aber die ganze Zeit Grünzeug? Da muss doch eine Mangelernährung auftreten, die schädliche Einflüsse auf Körper und Geist hat. Was ist denn mit diesem Attila Hildmann, dem veganen Spitzenkoch, der in den Untergrund gehen will, um dort mit zigtausenden US-Soldaten gegen eine Armee von Pädophilen zu kämpfen, und der den Widerstand gegen die neue Weltordnung von Angela Merkel anführt oder glaubt, es zu tun. Ich meine, wer so was denkt, muss doch zu viel Gemüse gegessen haben. Oder was ist mit diesem Joseph Wilhelm, Gründer und Geschäftsführer von Zwergenwiese und Rapunzel Naturkost? Der agitiert gegen Impfen und gegen Abtreibungen, verbreitet Verschwörungsthesen zu Covid-19 und sieht das Virus als »intelligentes Wesen« an, das seine Aufgabe »im großen Spiel der Naturkräfte« erfülle. Oder mit so Leuten, die bei den Hygiene-Demos auf und ab hüpfen und singen: »Es gibt kein Corona, ihr müsst an das Licht glauben und es fühlen. Dann seid ihr gesund.« Denen fehlt eindeutig das Fleisch. Wenn die ab und an mal zu einem Döner oder einem Steak greifen würden, dann wären die doch normal und würden nicht so einen Stuss reden. Mache ich das etwa? Gehe ich meinen Mitmenschen auf den Keks? Nein. Und warum? Weil ich auf eine ausgewogene Ernährung achte. Häufig Fleisch und ein- bis zweimal im Monat ein Blatt Salat. So Leuten fehlt doch die Herausforderung. Wenn du zu Murats Döner gehst, weißt du nicht, wie lange der Dönerspieß da schon hängt. Du weißt nicht, ob du nach dem Döner drei Tage lang Durchfall hast oder stirbst. Jeder Bissen eine Herausforderung. Das ist halt der Kick dabei.

Dann dieses ganze neumodische Essen, das so toll für das Wohlbefinden sein soll. Seit dem Krankenhausaufenthalt habe ich einen Natrium-Mangel. Irgendjemand hat mir geraten, Chips zu essen, um mehr Salz zu mir zu nehmen.

Ich esse aber seit anderthalb Jahren keine Süßigkeiten. Das einzige Laster, das ich mir bislang konsequent abgewöhnt habe. Gemeint waren keine gewöhnlichen Chips, so Pringles oder Chio-Chips mit Paprika, mit Zwiebeln oder Emmentaler. Die Person hat mir Chips aus dem Bioladen besorgt, mit Roter Bete, Pastinaken, Karotte und Süßkartoffeln. Für 10,60 Euro die kleine Tüte vermutlich. Ich habe die Packung angeglotzt und wusste nicht, was ich damit anfangen soll. Ich habe die auf den Ablagetisch im Arbeitszimmer gelegt und mir gedacht, dass irgendwann ein Tag kommen wird, ein Tag, wo ich mal was ganz Verrücktes unternehmen will, wo ich mich beweisen will, ein Tag, wo ich Chips mit Roter Bete, Pastinaken, Karotte und Süßkartoffeln verspeisen möchte. Ich kenne mich gut genug, um zu wissen, dass so ein Tag nie kommen wird.

Nach ein paar Wochen und einigen Nachfragen habe ich mich dann durchgerungen. Ich sage es mal so: Diese Chips haben den Vorteil, dass man die Packung nicht ratzfatz leer futtert. Man kann sie dosiert zu sich nehmen, sagen wir, über mehrere Jahre, und nach jedem Verzehr muss man nachspülen. Mit Pringles Emmentaler, mit einem 20-Liter-Fass Bier oder mit Desinfektionsmittel. Wenn nicht, verfolgt einen der Geschmack tagelang. Die Chips muss man vermutlich ein paar Monate offen liegen lassen, damit sie das optimale Aroma entfalten. Lässt man sie ein paar Jahre liegen (verschlossen oder geöffnet), geben sie einen guten Köder ab für Riesenvogelspinnen, Haisilberfischchen und Mörderratten, falls man mal mit so was in den eigenen vier Wänden konfrontiert wird. Die ganze Zeit, während ich mit dieser Chipsmutation gerungen habe, habe ich mich gefragt: Beschäftigt der Hersteller eigentlich so etwas wie einen Produkttester? Einen Vorkoster? Nein, anstatt sich klarzumachen, dass die Evolution der Chips bei Chips mit Döner-Geschmack geendet hat, kippen die Irren in die Chipsherstellmaschine, was sie finden konnten. Und dann stehen die Gesundheitsanbeter im Bioladen und denken sich: Oh, Chips mit Karotten und Pastinaken, das schmeckt bestimmt gut.

»Daher gebe ich Ihnen den Rat mit, essen Sie mehr Gemüse, um weitere Erkrankungen zu vermeiden.« Frau Jentzsch schaut mich fordernd an. »Herr Rescue, haben Sie mir überhaupt zugehört?«

»Ja, ja, natürlich«, sage ich stockend. »Mehr Gemüse, weniger krank. Habe ich verstanden.«

Ich verlasse das Büro. Als Nächstes steht Pilates auf meinem Kursplan. Ich hasse Pilates. Ich kriege da immer Schmerzen von. Ich verstehe auch gar nicht, was dieses Rumgezappel bringen soll. Aerobic, das war noch was. So mit flotter Musik und Tanzen. Das haben bestimmt entspannte Hippies erfunden. Pilates dagegen wurde vermutlich von Grünzeug-Pastinaken-Chips-Anhängern erdacht.

Am Wochenende gibt es wieder Gemüse, geht es mir durch den Kopf. Vielleicht wieder Mais, schlimmstenfalls nur Grünzeug oder diese Rote-Bete-Nudeln, die ihre Farbe durch das Kochen verlieren und dann so seltsam bekannt braun aussehen. Nicht einmal eine Wurst oder einen Hauch von Schinken für die Pastasoße. Ist halt doof, wenn man nicht kochen kann, oder nicht gut oder einfach kein Gespür dafür hat. Dann macht das jemand anderes und diejenige stellt die Regeln auf. Heißt ja nicht umsonst: Es wird gegessen, was auf den Tisch kommt.

DIE OFFENE KNEIPE
Frank Sorge

Es ist nachvollziehbar, dass Kneipenwirte fordern, die Kneipen zu öffnen, wenn die schon geöffneten Gaststätten als Kneipe genutzt werden, weil keine Kneipen geöffnet sind. Intuitiv ist jedoch einzusehen, dass drei Halbe einen Menschen unvorsichtiger machen als ein Nackensteak oder ein Teller Bratkartoffeln. Trinke ich aber zum Essen drei Halbe, oder zur Brotsuppe fünf, ist das dann anders, als wenn ich zu Hause koche und dann in die Kneipe gehe? Es ist kompliziert, ich kenne das hier zu Hause: Warum darf der das und ich nicht? Am Ende wirft dann jemand ein Spielzeugauto mir an den Kopf, für den im Moment eigentlich noch gar nichts so richtig öffnen müsste. Na gut, außer der Kita vielleicht, wegen der Kopfschmerzen.

Nachts auf der Straße redet ein Mann mit einer Stehlampe, die jemand ausgerümpelt hat. Aus der Richtung, in die der Mann schaut, sieht es mit dem Müllkorb dahinter, der giftig qualmt, tatsächlich ein bisschen so aus, als stehe da noch jemand. Ich höre zu:

»Ick vermisse meene Kneipe, weeßte, nich wegen Bier, is sowieso billiger hier, ick meene die Leute. Ja, ihr seid ooch alle nett, aber Späti is halt Späti, kannste nüscht machen. Kannst nich richtig sitzen, und find mal irgendwen, der dir Musik fürt Herz anmacht, is doch ejal, ob ditn Schlager is. Aber die nu immer mit ihrn Jängstarap. Ick meene, selbst nur Möchtegern, wa, aber die dicken Sprüche. Is mir ja ooch ejal, im Zweifel hör ick halt lieber mal Flippers oder Andrea Berg, na und? Aber ick muss mir dit hier anhören, mit ihre Bitches und wat nich noch. Na, ick hoff, dat Marie doch mal uffmachen kann bald, ick meene Hygiene, da hättste vorher ooch nicht so gucken dürfen. Aber Zeit war ja jetzte, wa? Zum Putzen, mein ick, und paar Stühle kannste ooch wegstellen, die meisten stehen da eh nur als Deko, wa, oder weil jemand zwanzig Jahre druffjesessen hat und dann verstorben is. Klar, die sitzen für uns noch da, aber kannste ooch wegstelln. Wie sie die Miete jetzte jestemmt hat, keene Ahnung, ehrlich. Ick hab ja mit son paar Leuten jesprochen und hab jesacht, Leute. Wenn ihr wollt, dat die Kneipe noch da ist, bezahlt ooch einfach maln paar Deckel. Ick meine, ick fandsn ernsten Vorschlag, ehrlich, aber ham se nur jelächelt alle, hat mir richtig uffjeregt. Ick gloobe jede, also wirklich jede Kneipe hätt sich locker über Wasser halten können, einfach mit die Deckel. Aber naiv, wa, ick bin manchmal so naiv, kannste nich ändern. Meene Eltern warn beede inna SPD, fanden se nich jut, dat ick nich reinbin. Ralle, du bist doch Arbeiter, komm rin. Aber ick renne jetzt ooch nicht automatisch der Arbeit hinterher, oder? Und mach mir noch Arbeit, damit ick Arbeit hab. So naiv bin ick. Nich faul, gloob mal bloß nich, wenn ick dir erst mal uffzähle, wo ick überall jeholfen und jewerkelt hab hier im Wedding, ooch als Arbeitsloser, wa, da kannste selbst in Rente jehn, wenn ick fertig bin.

Aber inna Kneipe is doch mehr Kontrolle als aufm Spielplatz jetzte, wenn de mich fragst. Und bei Marie, weeßte, da kannste sonst wat für ne Wut ham, da sacht se: Setz dir erst mal hin. Und dann setz ick mir erst mal hin. Und denn will ick wat sagn, steht schon Pils da und sie sagt: Trink erst mal wat. Sag ick nich nein, will die Sache erläutern, da lächelt se schon und sagt: Ach, sag ma nüscht! Und dit mach ick denn ooch. Verstehste? Und deshalb is besser, wenn manche Kneipe uff is. Abstand halten machen wir seit Jahren, icke sitze da am

Ende vom Tresen, Dieter sitzt da drüben, der Postbote sitzt am Tisch, wo er seine Zeitung uffklappen kann. Wat solln da sein?

Aber die Kneipe so zu, dit macht ma traurig. Soll man Marie doch dit Jeld jeben, ooch wenn se keenen rinlassen darf. Licht an, sie kann da wirbeln, und wer vorbeilooft, denkt: Ach siehste, der jehts noch jut. Jetzte machste dir nur Sorgen die janze Zeit, um alle, wa. Selbst irgendwelche Stinkstiefel, wo de vielleicht jedacht hast, übertreibs endlich mal mit dein Korn, damit ick mir dit Jesabbel nich mehr anhörn muss. Aber dit war ja nicht ernst, dit is halt menschlich. Ick lass, wat ick kann, und wünsch allen nur, dat se den Scheiß hier nicht kriegen. Und ick endlich mal wieder inna Kneipe denke: Ach, is dit langweilig hier. Aber ick kann ooch verstehen, wenn vielleicht mancher denkt, wart mal, die macht bestimmt bald zu, dann könn wa wat Schönet rinmachen, ooch jetzt wegen Bio oder so. Na, ick will dir nicht zutexten, kann ick ooch verstehen, wenn de mal deine Ruhe ham willst.«

Vielleicht merkt er jetzt, dass die Stehlampe nicht reagiert, er tippt an die Schiebermütze und geht weiter. Aber sie hat alles gehört, denn die Stehlampe war ja ich.

INTERVIEW MIT WOLFGANG WODARG
Nils Heinrich

Moderator: Meine lieben Zuschauer, wir alle durchleben gerade harte Zeiten. Seit Wochen ist das Land wie gelähmt, Menschen dürfen nicht zur Arbeit, Kinder nicht in die Kita, Heroinsüchtige nicht zur Methadon-Ausgabe, Oma und Opa dürfen ihre geliebten Enkel nicht sehen. Die angebliche Lungenseuche Corona hält unser Land und unser Volk im eisernen Zangengriff. Doch wie gerechtfertigt ist die kollektive Geiselhaft, in der wir von der Bundesregierung gehalten werden? Wir fragen einen Top-Spezialisten: Dr. Wolfgang Wodarg. Er ist uns zugeschaltet aus dem Exil in Griechenland. Hallo, Herr Doktor!

Wodarg: Ja, hallo, ich bin Wolfgang Wodarg, ich war Amtsarzt in Flensburg, ich weiß Bescheid. Und ich sach mal: Wenn schon Isolation, dann in Griechenland, wo's schön ist!

M: Herr Dr. Wodarg, für wie übertrieben halten Sie die Maßnahmen?

W: Natürlich ist das alles total übertriebener Mumpitz, ich muss das wissen, ich war mal Hausarzt in Harvestehude, und damals gab's auch schon dieses Coca-Cola-Virus. Und trotzdem hab ich nicht die Pferde scheu gemacht, alle haben überlebt. Und jetzt dieses Halligalli, das da veranstaltet wird, neeee!

M: Sie haben ja auch damals bei der Schweinegrippe schon gewusst, dass das alles nicht stimmt.

W: Ja, ich war immerhin der Urologe von Uwe Barschel und

habe damals bei der Schweinegrippe auch schon gewusst, dass das alles nicht stimmt. Ich bin Wolfram Wodarg, ich bin ein Edelmetall, und wir haben damals alle Verantwortlichen vor den Untersuchungsausschuss »Schweinegrippe im Weltall« zerren lassen, damit jeder sieht, was die für Dreck am Stecken haben. Es war viel Dreck. Wir haben keine Gefangenen gemacht. Denn eins war klar: So geht's nicht! Dieser Drosten lag damals auch total daneben, die Pfeife.

M: Säen Sie da Zweifel an der Glaubwürdigkeit des omnipräsenten Merkel-Einflüsterers Christian Drosten?

W: Mein Name ist Wolfgang Wodarg, ich bin alt und weise und habe viel volleres Haar als Christian Drosten. Aber darum geht es hier nicht. Ich saß mehrere Jahre für die SPD im Deutschen Bundestag und war der Frauenarzt von Lüneburg. Und ich bin auch nicht neidisch auf diesen blutjungen Hüpfer Christian Drosten. Dieses Jüngelchen hat sich seine wenigen Sporen meines Wissens als Hilfsveterinär bei einem Neuköllner Hundefriseur verdient und ansonsten als Pizzafahrer gearbeitet. Und nun verunsichert er mit seinem Podcast beim öffentlich-rechtlichen NDR ein Millionenpublikum. Von Ihren Gebühren. Von meinen nicht, haha, ich bin ja in Griechenland.

M: Aber Sie halten tapfer dagegen, auf YouTube, wo Sie uns freien und kritischen Bürgern die Wahrheit erzählen.

W: Ja, ich, Wolfgang Wodarg, der ehemalige Gesundheitsminister vom Lummerland, muss doch die Leute aufklären. Auch wenn mir bewusst ist, dass ich mit meinen kleinen Internetfilmen über manipulierte Covid-19-Tests längst nicht so viele Leute erreiche, wie dieser Schlafschafsteuerer Christian Drosten von den Freimaurern über den NDR, der ja neuerdings sein Programm mit 5G ausstrahlt, damit die Fremdsteuerung wirklich jede Synapse erreicht.

Und schon drehen die Leute nicht nur durch, sondern werden ernsthaft krank.

M: Na ja, Ihre phänomenalen Aufklärungsvideos haben aber auch nicht gerade wenige Aufrufe!

W: Ja, ich, Wolfgang Wodarg, weiß auch, warum. Ich weiß alles. Und ich weiß auch: Damit ein Video als geguckt gezählt wird, braucht man jedes Mal eine neue IP-Adresse. Und da kann das schon mal die ganze Nacht dauern, bis 30 neue Aufrufe zustande gekommen sind. Ich muss ja jedes Mal das Modem ein- und ausschalten. Es ist ja auch saumäßig anstrengend, das ganz allein über WhatsApp mit allen meinen Kontakten zu teilen. Und bis man einen Telegram-Kanal mit 60 Mitgliedern erstellt hat, dauert das auch eine Weile. Bis dahin ist ja die komplette Weltbevölkerung durchimmunisiert ...

M: Sehr beeindruckend, Herr Doktor, welche Mühe Sie sich geben, um die Wahrheit unters Volks zu bringen!

W: Ja, aber damals war ich der schönste Stabsarzt von Schleswig-Holstein, ich denke gern bei einer schönen Flasche Frascati daran zurück, und da hatte ich auch mit Hals-Nasen-Ohren zu tun. Und dieses Corona-Virus, das ja älter ist als die Menschheit, also wenn man sich das unter dem Schulmikroskop anguckt, dann sieht man, das ist nur eine kleine Mandarine, gespickt mit Nelken, das tut man sich in den Glühwein, sonst schmeckt der ja nicht. Und jetzt will man uns weismachen, dass die Leute sterben? Von Glühwein? Davon kriegt man höchstens einen Schädel, haha! Oder einen Herzinfarkt, wenn man hört, wie viel man für die Plörre bezahlen soll. Wobei: Es könnte sein, dass Glühwein gegen dieses Virus hilft. So wie alles gegen dieses Virus hilft. Chlortabletten, Chlorlösung, Klospülung. So, und jetzt muss ich Schluss machen, ich hab noch eine Schalte zu Eva Herman und ein Streitgespräch mit Erich von Däniken, der behauptet, dieses Virus wäre gefährlich. Aber dieser Knallkopp glaubt ja auch an Außerirdische. Also, danke für den Anruf, und überweisen sie mir die 30 Euro bitte auf mein Konto bei der Kieler Sprottenbank. Zahlungsbetreff: Christian Drosten ist doof und stinkt! Heißen Dank!

M: Auch wir bedanken uns bei Geheimrat Professor Doktor Wolfgang Wodarg, was nebenbei bemerkt, ein sehr schöner Name ist für einen so attraktiven Fernseharzt. Bis morgen!

EIN PLÄDOYER FÜR DIE MASKE AUS GRÜNDEN DER ÄSTHETIK

Volker Surmann

So langsam klappt das ja mit den Masken, zu 90 Prozent circa. Und die anderen 10 Prozent sind einfach zu dumm. Siehe Christian Lindner und seinen weißrussischen Konsulspatzl. Oder die junge Frau im Einkaufszentrum neulich, die ihren Mundschutz auch zielgenau unterm Zinken trug, was die Verkäuferin zum freundlichen Hinweis veranlasste: »Entschuldigung, aber die Nase muss mit unter den Mund-Nase-Schutz.«

Darauf die Kundin, unwirsch: »Ich darf das so tragen, ich bin schwanger!«

Aber die Verkäuferin reagierte cool und erwiderte bloß: »Ach, tragen Sie Ihr Kind im Nasenflügel aus? Na dann, viel Spaß!« Das Bild der Nasenflügelschwangerschaft bekomme ich seitdem nicht mehr aus dem Kopf.

Ich weiß gar nicht, wieso sich so viele Menschen über die Atemmasken beschweren. Jahrelang lief es doch so:

Die Mode: »Hey, wir verkleiden uns alle mal wie Landstreicher, lassen uns wilde Bärte stehen und tragen zig Schichten übereinander!«

Die Hipster: »Ja, geil, tolle Idee, machen wir mit! Clochard-Look is voll fancy!«

Die Mode: »Nee, andere Idee, wir verkleiden uns alle mal wie unsere Großeltern, setzen ihre Brillen auf, tragen Faltenröcke und färben uns die Haare silbergrau!«

Die Follower: »Ja, geil tolle Idee, machen wir mit! Granny-Look rulez!«

Und nun ruft die Notwendigkeit: »Hey, nein, wir verkleiden uns aus Gründen alle mal wie medizinisches Personal!«

Und die Leute: »Menschenwürde! Grundrechte! Bill Gates! Die Juden sind schuld!«

Was für'n Irrsinn!

Ich finde Masken okay. Manchmal auch ein bisschen mehr als okay. Nach ein paar Wochen Feldstudie muss ich einräumen: Ich finde Männer mit Masken attraktiv. Nicht alle, aber doch viel mehr, als ich vorher ohne Maske attraktiv gefunden habe. Vielleicht entwickle ich da auch gerade einen neuen Fetisch.

Jedenfalls sehe ich, seit sie alle Masken tragen, in der S- und U-Bahn oder auf der Straße wesentlich mehr attraktive Männer. Also wieder, muss man einschränkend sagen. Es gab mal Zeiten, lang ist's her, da konnte ich durch Berlin nur mit Hormonstau gehen. Überall attraktive Männer. Dann kamen die Bärte: Kratzige Ganzgesichtsfelle, Hipster-Vollbärte, und dann wurde auch noch der Schnauzbart aus dem Armengrab der Modegeschichte exhumiert. Selbst das Gesicht des attraktivsten Beaus wird durch einen Tom-Selleck-Schenkelbesen nichts als entstellt. Mund-Nasen-Schutz drüber: Zack, geile Sau again!

Und manch einem Männergesicht verleiht so eine Maske auch etwas wohltuend Androgynes. Find ich nicht schlecht, wenn auch der maskierte Vollbartprolo mit den sanft geschwungenen Augenbrauen mal versehentlich von 'nem anderen Kerl angeflirtet wird.

Das andere ist: Es gibt einfach Menschen, denen man schon am Mund ansieht, dass da seit dem Spracherwerb nichts Vernünftiges mehr rausgekommen ist. Und ich bin überzeugt, dass Großmäuligkeit hässliche Falten im Gesicht hinterlässt. Maske drüber. Zack, hilft! Auch die Gegenprobe funktioniert: Finden Sie irgendwen, der oder die sich zurzeit demonstrativ weigert, Masken zu tragen, auch nur einen Hauch sympathisch? Also zumindest so sympathisch, dass Sie ihn oder sie auf die fehlende Maske ansprechen würden?

Nein! Aber wenn man eingeborenen Berlinern allein in die Augen schauen kann, wirken sie schon viel freundlicher! Deswegen sind die Berliner ja für ihre »Schnauze« berüchtigt und nicht für die »Berliner Oogen«!

Und mit aufgesetzten Masken reden die Menschen ja viel weniger. Wahre Schönheit liegt ja auch im Ohr des Betrachters! Und wenn sie doch reden, dann versteht man sie viel schlechter, das macht Menschen oftmals auch viel attraktiver.

Machen Sie mal die Probe aufs Exempel: Stellen Sie sich Christian Linder mit Mund-Nase-Maske vor. Also einer schlicht schwarzen, nicht so'm umgenähten FDP-Wimpel. Wird schon besser, nicht wahr? Gut, ich stelle ihn mir sicherheitshalber gleich mit drei Masken übereinander vor, damit wirklich sichergestellt ist, dass man ihn nicht mehr hört, und ich finde: Dann geht's. Plötzlich sieht selbst Christian Lindner wieder aus wie ein etwas in die Jahre gekommener Milchbubi, der bis heute nicht verwunden hat, dass ihm nie jemand zuhörte, wenn er in der Schule das Milchgeld einsammeln wollte. Und man könnte dank der drei Masken sogar sicher sein, nicht mit Neoliberalismus infiziert zu werden.

Also eine Welt mit Masken – ich könnte mich dran gewöhnen.

UND ES HAT ZOOM GEMACHT
Heiko Werning

Das zweitägige Seminar in einem Veranstaltungszentrum in Bargteheide bei Hamburg musste leider ausfallen. Und zwar, so das Absageschreiben: »Aufgrund der aktuellen Situation«. »Aufgrund der aktuellen Situation« ist – neben dem, haha, viralen »Bleiben Sie gesund« – die Sprachformel der Corona-Krise. Selbst in Anführungszeichen gesetzt meldet Google mehr als sieben Millionen Suchergebnisse für diese Formulierung.

»Aufgrund der aktuellen Situation sind das Institut und die Bibliothek momentan geschlossen.«

»Aufgrund der aktuellen Situation sind wir leider gezwungen, unsere Öffnungszeiten dem Gästeaufkommen anzupassen.«

»Unterbrechung des Kursprogramms der VHS Oberschwaben aufgrund der aktuellen Situation.«

»Aufgrund der aktuellen Situation hat uns die Tage vom Baden-Württembergischen Golfverband die Nachricht erreicht, dass das Kadertraining ausgesetzt wurde.«

»Aufgrund der aktuellen Situation hat sich das Ausfallrisiko bei Krediten generell erhöht.«

»Aufgrund der aktuellen Situation bleibt die Sauna Pinea bis auf Weiteres geschlossen.«

»Aufgrund der aktuellen Situation hat auch die Stadt Hannover weiterführende Maßnahmen beschlossen.«

»Kursangebot aufgrund der aktuellen Situation: Grundlagen der Webinargestaltung in der Lehre.«

»Aufgrund der aktuellen Situation« – eine Formulierung, so

feingeistig wie ein trockener Husten unter Covid-19. Das Virus bringt das Land der Dichter und Denker ganz zu sich selbst. Sogar in der Stadt Hannover.

Aufgrund der aktuellen Situation jedenfalls durften wir also nicht für drei Tage ins flirrende Bargteheide, ein Ort, der sicherlich auch ganz oben auf der Liste der potenziellen Urlaubsziele für den Sommer 2020 steht – »Deutschland ist groß und hat sehr viele schöne Reiseziele«, hatte Thomas Bareiß, der Tourismusbeauftragte der Bundesregierung, schließlich gesagt. Aufgrund der aktuellen Situation durften wir das Ergebnis vermutlich des Kursangebotes »Grundlagen der Webinargestaltung in der Lehre« vom heimischen Schreibtisch aus begutachten.

9 Uhr: »Check-in in der Meeting Area (gerne mit Morgenkaffee)«, verhieß das Programm. Ein Check-in in der Meeting Area. So, so. Als ich mich bei Zoom einlinke, blicke ich auf 35 kleine Einzelbildchen meiner Webinarkollegen, die allesamt Tassen mit vermutlich Morgenkaffee in der Hand halten. Immerhin gelingt so schon mal ein erstes kleines Psychogramm der Webinarteilnehmer.

Gruppe 1: Die drahtigen Erfolgstypen, die werbewirksam Tassen ihres Projekts in die Kamera halten und sorgsam darauf achten, dass das Logo auch immer gut zu sehen ist.

Gruppe 2: Die Büroexistenzen mit Bürohumortassen. »Wir sind hier auf der Arbeit und nicht auf der Flucht«, »Ich bin heute so blöd, ich könnte Amerika regieren«, »Kaffee erreicht Stellen, da kommt die Motivation gar nicht hin«, »Statt Konfetti einfach gleich den Locher werfen«. Mein Favorit unter diesen bestürzenden Dokumenten der humoristischen Kapitulation dann immerhin der postfaktische Aufdruck: »Du bist lustig, dich töte ich zuletzt.«

Gruppe 3: Die Leute, denen alles egal ist. Die Tassen mit Aufdrucken wie »I Love New York«, »Hamburg meine Perle« oder einer Diddlmaus in den Händen halten. Oder mit irgendwelchen Mustern, die von 70er-Jahre-Tapeten stammen könnten. Und denen es nicht peinlich ist, dass 35 unbeteiligte Menschen sie damit sehen können.

Große Güte, dachte ich, ich muss zwei Tage lang mit kompletten Idioten vor dem Bildschirm sitzen. Dann fiel mein Blick auf meine eigene Tasse. »Ei(n)fälle. 16. Kabaretttreffen der Studiosi Cottbus 2011«. Vielleicht sollte man nicht so harsch anhand von Äußerlichkeiten urteilen.

Das Webinar verlief dann mal so, mal so. Eigentlich alles wie im richtigen, analogen Leben. Mit ein paar Vor- und Nachteilen. Einem Vortrag kann man online ebenso gut oder schlecht folgen wie im Seminarraum. Es liegt halt an der Qualität des Vortragenden. Verblüffend gut funktionierte es, kleine Arbeitsgruppen zu bilden, die dann in separate Zoom-Konferenzräume geschickt wurden. Ich hätte es vorher nicht geglaubt, aber hier gelangen mitunter sogar intensive, persönliche Gespräche. Auch ganz gut liefen die neumodischen Stimmungsbilder und Mitmachnummern, die man inzwischen ja auch bei analogen Vorträgen ständig erdulden muss. Dauernd sollte man in letzter Zeit in Veranstaltungen sein Smartphone zücken und zwischen Möglichkeit eins, zwei oder drei wählen, um ein Stimmungsbild des Auditoriums zu erzeugen. Auf der Leinwand im Vortragssaal sollte dann total interaktiv das Ergebnis erscheinen, was aber eigentlich nie wirklich geklappt hat, weil ein Viertel der Leute überhaupt nicht kapiert, was der Vortragende will, weil sie dieses neue Instrument noch nicht kennen, und die entsprechend verwirrt ihre Nachbarn fragen, was sie jetzt genau machen sollen, wodurch ein allgemeiner Flüstertumult entsteht, der dann dadurch gesteigert wird, dass diejenigen, die das Prinzip zwar kennen und schon eilfertig die Umfrageseite aufgerufen haben, den Code nun aber nicht mitbekommen, sodass anschließend aus mindestens fünf Ecken des Saals noch einmal gefragt wird, wie der Code denn noch gleich war, und am Ende sind dann der Vortragende oder der Saaltechniker oder beide mit dem Wechsel von der Powerpoint-Präsentation zum Browser, wo die Ergebnisse angezeigt werden sollen, überfordert, und versehentlich wird dann das noch aktive Word-Dokument mit dem Anschreiben an den Anwalt in der vertraulichen Causa Strafsache Werner Müller auf die große Leinwand geworfen, was zu peinlich berührtem Gestammel des Vortragenden führt, während die WLAN-Verbindung sowieso zu wackelig ist, um das Umfrageergebnis aus dem Publikum zu zeigen. Im Online-Vortrag läuft das alles viel organischer.

In den Pausen dagegen kam die Kommunikation zwischen den Teilnehmern nur schwer in Schwung, nur die ganz Unverdrossenen versuchten tatsächlich so etwas wie Smalltalk, der Rest schaltete sich und die anderen stumm und füllte die »Traue niemandem, der vor 9 Uhr lacht«-Tasse wieder auf. Da fehlte etwas die zwischenmenschliche Komponente. Vorteil: Die jovialen Frauen-mit-der-Hand-auf-die-Schulter-Fasser mussten ihre Hand in der Pause jetzt über die Maus auf ihrem Schreibtisch streichen lassen.

Am Abend dann war tatsächlich ein »digitales Get-together« angesetzt. Eigentlich finde ich ja, dass allein der Begriff »Get-together« einer der seltenen Ausnahmefälle ist, die Gewaltanwendung erlauben, bei einem »digitalen Get-together« aber wünsche ich umgehend, dass die neue Weltordnung endlich zuschlagen und uns alle unterjochen möge, damit dieser Unsinn endlich aufhört, aber auf Produkte von Bill Gates war ja noch nie Verlass, und es reizte mich andererseits durchaus, wie der gemeinsame Barabend nun also in die Zoom-Konferenz übersetzt werden sollte.

35 Leute, die mit der Bierflasche vor dem Bildschirm hocken, sind ein ziemlich verstörender Gedanke, aber jetzt schlug die Stunde der virtuellen Hintergründe. Eindeutig ein Vorteil gegenüber dem klassischen physischen Zusammentreffen, man

hat sofort ein gutes Smalltalk-Thema: Was für ein fantastisches Bergpanorama! Was ist denn das für ein lustig blubbernder Sumpf, in dem du da stehst? Oh ja, ich wollte auch schon immer mal auf der Kommandobrücke der Enterprise sitzen!

Ein Teilnehmer hat es mit irgendeiner Einstellung, die ich noch nicht gefunden habe, geschafft, sich in eine Gurke zu verwandeln. Am Anfang ist es ein großes Hallo, als sich also eine sprechende Gurke von seinem Bildschirm an uns wendet und anschließend die Bierflasche an ihren Mund führt, bald schon aber hatten wir uns daran gewöhnt, und er konnte es letztlich nicht toppen, als er sich dann in eine Avocado und später in eine Aubergine verwandelte.

Aber am Ende musste ich zugeben: Es war ein recht vergnüglicher und durchaus sozialer Abend vor dem Monitor, und letztlich war es dann doch wie immer. Ich stand mit den letzten Gästen in einem Raum namens »Küche« herum, war schon ziemlich betrunken und hörte zu, wie die anderen über die aktuellen Corona-Maßnahmen stritten und sich dabei ständig wiederholten, zunehmend lauter wurden und sich immer häufiger unterbrachen. Und dann fing natürlich jemand an, darüber zu referieren, dass die ganze Aufregung um Corona ja nur gezielte Panikmache der Regierung sei, und ich schaltete den Trottel schnell stumm und genoss noch ein, zwei entspannte Schlückchen Bier, bis die charmante Rothaarige endlich wieder was erzählte.

Wenn das alles hier vorbei ist und wir uns wieder mit echten Menschen treffen können – nicht mehr in attraktiven Dschungel- oder Wüstenlandschaften, sondern halt in Bargteheide –, dann werden wir sicherlich vieles viel intensiver genießen als vorher. Aber ich weiß jetzt schon, dass ich eines sehr schmerzhaft vermissen werde: die Möglichkeit, Leute einfach stummzuschalten. Es war ja, werden wir unseren Kindern dereinst erzählen, nicht alles schlecht damals, unter Corona.

IRRTÜMER ÜBER LIVESTREAMS
Frank Sorge

Als vor zehn Wochen der Lockdown begann, war an eine Lesebühne kaum zu denken. Wie sollte das gehen, wenn keiner irgendwo hingehen kann? Es lag nahe, ersatzweise etwas im Internet zu machen, mindestens musste dort ja das Ausfallen verkündet werden. Aber Lesebühnen fallen nicht so gerne aus, umso mehr, wenn sie zum Beispiel zwanzig Jahre immer wöchentlich stattgefunden haben – ob Heiligabend, EM, Sturm oder sonstwas war.

Vor über zehn Jahren hatte ich schon mal wirklich schöne Lesungen vor Avataren gemacht, als Livestreams, und niemand, dem ich damals im Real Life davon erzählt habe, hat mir das geglaubt, dass viele Leute zugehört haben, dass sie Geld gespendet haben, oder dass auch Avatare klatschen können. Jaja, der Frank mit seinen spinnerten Erlebnissen in der Virtualität. Ungefähr so habe ich das dann auch selbst über mich gedacht und es gelassen, jetzt fiel es mir wieder ein. Ein Livestream ermöglichte ja immerhin, dass wir nicht ausfallen würden, und das war ja auch schon was. Holterdipolter holte ich Mikros und Mischpult aus dem Eschenbräu und schloss sie an. Ich hatte keine Ahnung, ob es klappen würde, ich wusste nur sehr begrenzt, was ich tat. Damals hatte ich die Livestreams nicht eingerichtet, ich hatte nur über Schultern geschaut. Als beim ersten Stream der Brauseboys die kleine Zahl der Zuschauer zu einer sehr großen Zahl wurde, und die kleine Runde in Heikos Büro eine engagierte Lesebühne veranstaltete, so abgebrüht, als hätten alle das hundert Mal gemacht, musste ich meinen Irrtum einsehen. Ich hätte Livestreams nicht zehn Jahre ignorieren müssen, ein paar der anderen Irrtümer über Livestreams sind diese:

Alles ganz einfach

Facebook, YouTube, Twitch, alle versprechen und arbeiten daran, dass Streamen allen zugänglich ist. Es ist ganz einfach: Handy an und in die Kamera sprechen, Laptop auf und mit einem Klick live. Super Sache, super einfach. Also haben es viele Künstler auch mit dem Livestreamen probiert, hoffnungsfroh Termine eingerichtet und beworben, und einige haben mir danach eine Nachricht geschrieben: »Warum hat es nicht funktioniert?« – Weil es alles ganz einfach ist, es ist nur leider nicht lapidar. Es hilft, wenn man ein sehr teures Handy hat, wenn man einen Kleinwagen verkauft hat, um sich einen Laptop anzuschaffen, wenn man die Bandbreite erworben hat, um sich Filme auf den wandfüllenden Fernseher zu holen. Aber auch dann kann man daran scheitern, dass es so einfach ist. Bild und Ton werden gemischt an einen speziellen Server geschickt, mehr ist da eigentlich nicht dran. Es ist so einfach, dass viele es gar nicht vorher ausprobieren.

Mir fehlt das Publikum

Wer sich auf eine Bühne stellt, hofft auf Publikum. Ist es da, fängt man an, spricht es an, versucht, es einzufangen, mitzunehmen, abzuholen. Man reagiert auf das Publikum, aber zuerst arbeitet man doch daran, dass das Publikum reagiert. Reagiert es nicht auf das, was man auf der Bühne macht, reagiert man selbst auch nicht mehr, außer vielleicht, dass man entnervt die Bühne verlässt. Ich habe es nicht selten gesehen, dass das Publikum da ist im Stream, dass es Likes verteilt und kommentiert, dass die Zuschauer ihrer Freude Ausdruck verleihen, dass wenigstens auf diese Art etwas stattfinden kann. Der auf der Bühne hört aber nicht auf zu klagen, das Publikum würde fehlen, die »echten Menschen«, die »echten Reaktionen«. Ich war ja in diesen Momenten Publikum und kann genau sagen, wie sich das von dieser Seite aus anfühlt: eitel, undankbar, abtörnend. Da fiel es mir nicht schwer, wieder auszuschalten. Stört ja offenbar auch nicht, wenn ich gar nicht »echt« bin.

Das Internet ist schuld!

Technik ist nur mit magischen Mitteln beizukommen, wir ahnen das, ich möchte es bekräftigen. Gibt es ein Problem mit dem PC, ist Bill Gates schuld, lädt eine Webseite nicht, ist es der »verdammte Browser«. Wenn der Livestream ruckelt, ist es »das Internet«:

»Dein Internet geht nicht.«
»Mein Internet ist doof.«
»Da ist ein Problem mit deinem Internet.«
»Hol dir mal besseres Internet.«

Der magische Trick nun ist – schnipp –, am Ende ist es das nie:

»Oh, das Kabel war nicht drin.«
»Ah, da war das falsche Mikro ausgewählt.«
»Oh je, die Auflösung war ja viel zu groß eingestellt.«
»Ach, ich hab gar kein LAN-Kabel verbunden, wie du mir fünfhundert Mal geschrieben hast.«
»Hier im Bunker unter dem zehnstöckigen Betonbau ist der Empfang vielleicht doch nicht so gut.«

Auch die Computer selbst können vieles, es sind schon Menschen mit weniger Rechenkraft zum Mond geflogen.

Auch wenn die Computer zehn Jahre alt sind und nie aufgeräumt wurden, es sind Zaubermaschinen, die im Prinzip alles immer können müssen. Meiner bringt mir morgens immer die Zeitung und Kaffee ans Bett.

Beispiel 1
»Vielleicht ist mein Computer zu alt?«
»Alt muss nicht schlimm sein, aber schwach vielleicht.«
»Ja, Filme gucken macht nicht mehr so einen Spaß.«
»Ach, warum?«
»Na, es ruckelt und verpixelt.«
»Und damit hast du gestreamt?«
»Ja, klar.«
»Und es hat geruckelt und war verpixelt?«
»Ja, ich weiß auch nicht, warum.«

Beispiel 2
»Das ist der Rechner zum Streamen?«
»Ja, ist ein Apple.«
»Und was sind diese ganzen Symbole da.«
»Äh, Programme.«
»Und die laufen gerade?«
»Ja, ich glaub schon, ist nicht meiner.«
»Der ist auch recht alt, oder?«
»Ja, ziemlich, aber von Apple.«
»Ich glaube nicht, dass es damit klappt.«
»Warum?«
»Nur so ein Gefühl. Bis zum Mond kommt der jedenfalls nicht mehr.«

BIS ZUM JÜNGSTEN TAG
Robert Rescue

Sehr geehrte Mieter*innen,
aufgrund der rasanten Verbreitung des Corona-Virus und des inzwischen in verschiedenen Wirtschaftsbereichen ausgerufenen Ausnahmezustandes hat sich auch die EC Group präventiv dazu entschlossen, persönliche Kontakte bis auf Weiteres zu umgehen. Rufen Sie uns auch nicht an. Wir werden bis auf Weiteres keine Telefonhörer mehr nutzen, da diese kontaminiert sein könnten. Das Gleiche gilt für die Nutzung von Computern hinsichtlich der Eingabegeräte und der Verwendung von E-Mail-Verarbeitungsprogrammen. Verzichten Sie bitte auch auf Eingaben auf postalischem Weg. Hier allerdings aus Sorge vor einem Milzbrand-Angriff.

Ich bin verwundert. Warum hängt die Hausverwaltung ein solches Schreiben in den Hausflur? Sie ist doch schon seit Jahren nicht mehr erreichbar. Im Grunde nutzen sie die Pandemie dazu, die Mieter der Seestraße von einem Fakt zu informieren, der diesen schon längst bekannt ist. Ein Besucher wäre über diesen Aushang vermutlich überrascht. Dass die Hausverwaltung den persönlichen Kontakt zu den Mietern gleich gänzlich unterbindet, erscheint doch drastisch, würde der Besucher denken. Sie könnten doch eine Zugangsbeschränkung verkünden oder ein striktes Maskengebot.

Wie wird Herr Kabelka aus dem Vorderhaus reagieren?
Der ist nämlich die letzten Jahre tagtäglich nach Charlotten-

burg gefahren, um persönlich seinen defekten Wasserboiler zu melden. Alle im Haus haben ihm geraten, das wegen Sinnlosigkeit zu lassen, aber Herr Kabelka ist da starrsinnig. Wenn er den Aushang liest, wird er wohl für eine Weile auf seine Tour verzichten.

Draußen an der Haustür entdecke ich den Aushang einer Baufirma, die uns Mieter darüber informiert, dass wir am Arsch sind. Also so derb natürlich nicht, es ist quasi das Fazit. Die Seestraße soll saniert werden, und zwar auf beiden Fahrspuren, und das auf einer Länge von etwa einem Kilometer. Erst wird die eine Fahrspur komplett gesperrt und wenn diese fertig saniert ist, die andere Spur. Fertig sei das Bauvorhaben »voraussichtlich« Anfang Juni 2020. Es ist das Wort »voraussichtlich«, das mir Angst bereitet. Ich muss an den Duden denken. Dort steht bei »voraussichtlich«:

Bedeutung: soweit man aufgrund bestimmter Anhaltspunkte vermuten, voraussehen kann, Synonyme: allem Anschein nach, aller Voraussicht/Wahrscheinlichkeit nach, anscheinend, bestimmt, geschätzt, gewiss, höchstwahrscheinlich, wahrscheinlich.

Dann steht da noch:

ACHTUNG! Folgende Bedeutungsänderung besteht für das Bundesland Berlin: Wenn das Jüngste Gericht mit Ragnarök kalendarisch zusammenfällt, die Meerjungfrau Arielle Jesus Christus auf Tinder datet, eine Frau Regierender Bürgermeister wird, der Nachfolger des BER fertiggestellt wird.

Daneben klebt ein Aushang der Berliner Stadtreinigung, der darüber informiert, dass die Müllcontainer der von der Sanierung betroffenen Häuser »vorübergehend« auf der Insel Hasselwerder im Tegeler See aufgestellt werden, da die Fahrzeuge der BSR die Häuser aus Gründen nicht mehr anfahren können.

»Vorübergehend«, denke ich mir, auch so ein Wort, das in Berlin eine andere Bedeutung hat.

Drei Aushänge an einem Tag und keiner davon sorgt für gute Laune.

Drei Wochen später. Inzwischen haben sie von der Seestraße den Asphalt abgetragen. Darunter kommt Kopfsteinpflaster zum Vorschein. Kopfsteinpflaster aus der Zeit, als Straßen noch geatmet haben und nicht versiegelt wurden. Aus einer Zeit, als Julius Cäsar mit seinen Legionen durch den Wedding zog, ostwärts, wo die wilden Weiten Brandenburgs und das Versprechen auf Bodenschätze lockten. Wie vermerkte doch der römische Geschichtsschreiber Sallust in seinen Werken: Auffällig sei das Lotterleben der Weddinger. Anstatt sich dem Cäsar mutig entgegenzustellen und Grund und Boden mit dem Leben heldenhaft zu verteidigen, sei der Weddinger dem Feldherren entgegengetreten mit den Worten: »Klar unterwerfen wir uns. Wenn sonst nichts ist«, um gleich darauf vielfältige Arme auszustrecken und die zutiefst anmaßende Frage zu stellen: »Hast du mal ein paar Sesterze übrig?«

Ehrfürchtig strecke ich meine Hand aus und berühre einzelne Steine und sehe den Weg Cäsars deutlich vor mir. Der erhebende Anblick entschädigt mich für die Mühe, die hinter mir liegt, denn gerade komme ich von der Insel Hasselwerder, wo ich meine wöchentliche Hausmülltüte entsorgt habe. Ich finde ja, die Stadtreinigung hätte ihre vorübergehende Mülldeponie auch näher an der Seestraße aufstellen können, zum Beispiel in der Lüderitzstraße, etwa 40 Meter von meiner Wohnung entfernt. Denn es gibt keinen Fährverkehr zur Insel und das Hin-und-her-Schwimmen dauert eine Weile. Ein anderes Problem ist der Plastik- und Papiermüll.

Da hat die Müllabfuhr, offenbar eine andere Firma als die BSR, jegliche Leerung eingestellt. Ich könnte mir zwar vorstellen, dass es keine große Mühe macht, den Müllwagen in der Lüderitzstraße zu parken und die Container halt 40 Meter zu rollen, aber das ist wohl meine naive Vorstellung.

Dabei wäre die Müllabholung mal notwendig. Über den Hof kommt man nur noch durch einen schmalen Gang. Mitunter schmeißen die Nachbarn ihre Säcke aus dem Fenster in den Hof. Heiko aus dem Erdgeschoss hat die irre Vorstellung, dass wir warten müssen, bis der Hof bis zu den Dächern mit Müllsäcken gefüllt ist.

»Das könnte nach meinen Berechnungen sieben Jahre dauern«, hat er mir erklärt. »Wenn wir den Hof vom Nebenhaus zur Verfügung hätten, dann ungefähr 14 Jahre. Denk dran, Robert, mit jedem Jahr kommen wir dem ›voraussichtlichen‹ Ende der Bauarbeiten näher. Wir müssen halt durchhalten.« Nur blöd, dass wir den anderen Hof nicht nutzen können, auch wenn er nur durch einen Zaun von unserem getrennt ist. Denn den haben verständlicherweise die Bewohner dort schon zugemüllt und offenbar haben die einen höheren Müllausstoß als wir, darauf lässt der Tunnel schließen, der sich unter den Bergen an Müllsäcken erstreckt. Mit einem Tunnelbau müssen wir wohl bald auch anfangen, sonst kommen wir nicht mehr aus unseren Wohnungen raus.

Drei Wochen später. Es gibt einen neuen Aushang der Baufirma. Man sei inzwischen dabei, die andere Fahrbahn zu sanieren, allerdings gebe es »Umstände«, die die Sanierungsarbeiten verzögerten. Man habe die Überreste von Julius Cäsar gefunden, und die Archäologen müssten diese jetzt aufwendig bergen. Interessant, denke ich mir. Da hat der Feldherr den Weddingern wohl ein paar Sesterze vorenthalten, und die haben ihm das übel genommen. Deshalb haben Roms Legionen nie Ostbrandenburg erreicht. Die Geschichtsschreiber haben die Todesumstände unter den Teppich gekehrt und Cäsar durch ein Attentat in Rom umkommen lassen, weil ein Tod im Wedding der Größe Cäsars nicht angemessen gewesen wäre. Die Baufirma schließt den Aushang mit der furchtbaren Aussicht, die Bauzeit dauere jetzt »voraussichtlich« bis Ende Juli.

Im ersten Aushang stand noch eine Jahresangabe, hier nicht mehr.

Ob die Müllabfuhr dann Extraschichten fahren wird, damit wir wieder frei den Hof durchqueren können? Wird die Pandemie vorbei sein und alles wieder wie vorher?

Es bleibt zu hoffen, und wenn er will, kann Herr Kabelka dann wieder Tag für Tag sein Glück in der Geschäftsstelle versuchen.

ICH WILL HIER RAUS!
Nils Heinrich

Wenn ich so zu Hause sitz, denk ich an die Treppe,
die vom Kölner Hauptbahnhof runter zur U-Bahn geht.
Genauso blind wie die find ich in Hamburg die U3,
und ich weiß, wo man in München für die Bahn nach Schwabing steht.

Ich war schon länger nicht mehr in Wiesbaden und Bonn.
ICH GLAUB Ken Jebsen, wenn er sagt: Bielefeld gibt's nicht.
Ich will wieder nach Osnabrück, ich will nach Heilbronn.
Ich will hier raus, ich will hinaus ins Licht!

Ich hab seit Monaten nur noch in Webcams reingestarrt.
Ich hab sogar gestreamt, wie ich mich wasche.
Wir woll'n wieder auf Tour, wieder auf richtig große Fahrt:
ich und meine fernwehkranke Reisetasche!

Ich will wieder ins *Renitenz*, will in die *Lach- und Schieß*,
ins *Sapperlot* und in das *Burgtheater*,
in *Die Säule*, in die *Rätsche*, in das *Tak* und in *Die Käs*,
und ich will am nächsten Morgen einen Kater!

LOS, impft mich jetzt mit eurem Chip! Ich will endlich hier raus!
Will auf die Bühne, ich will wieder leben!
Ich hab so lange drin gehockt, muss in die Welt hinaus.
Sonst bleibt mein Pöter noch am Sofa kleben ...

Lasst mich bitte der erste sein mit Grundimmunität.
Vielleicht wächst mir ja eine zweite Leber.
Nach der Impfung sag ich zu Bill Gates: »Ey, Bill, du kommst zu
                                                                               spät.
Meine Daten hat ja Google schon, du Streber.«

Will in Wermelskirchen lehnen am Wartehäuschenzaun
und nach Remscheid fahren mit dem Linienbus.
Vor Junggesellenabschieden in Düsseldorf abhau'n,
wenn ich zum *Kommödchen* durch die Altstadt muss.

Will in Dresden in die *Scheune*, will in Köthen in den Pub,
bin so verzweifelt, ich will sogar nach Essen.
Mir fehlt das Publikum, mir geht so richtig einer ab,
wer das nicht kennt, der kann es nicht ermessen!

LOS, impft mich jetzt mit eurem Zeug, mit eurem Heilesaft!
Ich mache schon mal meine Schulter frei.
Vielleicht habe ich danach eine geheime Superkraft
und 'ne Gala mitten in der Walachei!

Mir fehlt schwäbische Küche, mir fehlt fränkisches Bier,
hab Sehnsucht nach dem Umgangston im Ruhrgebiet,
nach Hotelbetten und den Scheißsitzen im ICE 4!
Und ich habe Fertigrührei-Appetit!

Denkt an meine Familie, die hat mich auch sehr lieb;
vor allem, wenn sie mich von hinten sieht.
Dann ist die soziale Spannung raus, ist weg und bringt auch Geld.
Also nehmt es bitte ernst, mein kleines Lied ...

... und entwickelt endlich einen Impfstoff, Mann, Mann, Mann!
Bleifreies Benzin war doch in den 80ern auch kein Problem.

SOMMERPAUSEN

JUNI — SEPTEMBER 2020

SOMMERNÄCHTLICHE DISTÄNZER
Thilo Bock

Was wir am Sommer Jahr für Jahr so schätzen:
die Nächte hell wie darin das Gelächter
in Gärten, Parks und auf den großen Plätzen,
beschwingte Ausgelassenheit Bezechter.

Kein grobes Rülpsen und Gerumpse liegt
im schwirrenden, verzwitschertem Bombast,
wenn Abendluft an nackte Haut sich schmiegt
und wehend unter leichte Hemden fasst.

Der Himmel schimmert zwanzigzwanzig auch,
die Vögel ziehen ihre schönsten Bögen,
und in die Nasen dringt ein warmer Hauch,
der lockt, auf dass wir um die Häuser zögen.

Wir wollten niemandem zu nahe treten,
wenn wir mit Masken in unserer Tasche
dann stünden vor den Stammlokalitäten
mit etwas Nass im Glas oder der Flasche.

Doch könnt man lauthals lachen noch? Bedrohte
dies Lachen nicht das allgemeine Wohl
und wär ein beinah unsichtbarer Bote
vom Lieferdienst express per Aerosol?

Und wär ein Kuss von zwei nicht ganz Bekannten,
gewechselt aus spontaner Sympathie,
das was wir früher »Ferienschwarm« mal nannten,
heut schon Verbreiten einer Pandemie?

Nun, flirten ließe sich auch auf Distanz.
Abständig wär'n wir sommerlang Distänzer.
Wir gingen dann in Quarantäne ganz
und würden virologische Begrenzer.

Solang die Virenwarn-App grün uns blinkte,
derweil die Superspreader sich vernetzten,
genössen wir ganz still das Unbedingte,
das wir am Sommer dieses Jahr so schätzten.

PANDEMISCHES REISEN
Heiko Werning

Es ist ein seltsames Gefühl, als wir an diesem 25. Juni 2020 mit dem Auto gen Süden aufbrechen. Gerade erst haben die ersten EU-Länder ihre Grenzen wieder geöffnet, hat die deutsche Regierung die Reisewarnung für die ganze Welt ersetzt durch eine Reisewarnung für fast die ganze Welt. Außer Europa. In EU-Staaten darf man nun wieder fahren. Und wir gehören zu den Ersten, die das machen. Auf nach Griechenland!

Wir sind die Pioniere des Post-Corona-Zeitalters, wie die ersten Trapper im Wilden Westen brechen wir über die bekannten Grenzen hinaus auf in eine neue, fremde Welt. Es fühlt sich ein bisschen an wie ganz früher, in der BRD der 80er-Jahre, als Reisen ins Ausland noch Abenteuer waren, als man immer mit flauem Gefühl den Grenzhäuschen entgegensah, selbst wenn es nur rüber nach Holland ging und man wusste: Das Schlimmste, was passieren konnte, war, dass man den Grenzbeamten den Personalausweis zeigen musste. Und dennoch wurde Mutter spürbar nervös, wenn wir Gronau passiert hatten, und mahnte uns, jetzt mal Ruhe zu geben und keine blöden Witze zu machen, gleich komme schließlich die Grenze.

Die Grenze zu Österreich allerdings war wenig respekteinflößend. Wir haben sie glatt übersehen. Keine Beamten, keine Kontrollen. Einfach so fuhren wir hinein ins Unbekannte. Erste Station Innsbruck. Der »Bärenwirt« hat gerade erst wieder aufgemacht. Die Rezeptionistin ist vorschriftsmäßig maskiert, wir haben unsere Masken im Auto vergessen. Das macht nichts, sagt sie, weil nur sie als Rezeptionistin Maske tragen müsse. Wir seien die Gäste, wir brauchen keine. Weil ohnehin niemand sonst dort übernachtet, bekommen wir die Executive Suite im Dachgeschoss. Ein Aufzug bringt unser Gepäck nach oben, wir müssen zu Fuß die Treppe hoch. Wegen Corona darf derzeit nur das Gepäck Aufzug fahren. Und die Rezeptionistin, die es für uns nach oben geleitet.

In den Apotheken in Innsbruck gibt es sogar die guten FFP2-Masken. Wir schlagen sofort zu. Unsere von fränkischen Omas genähten Mund-Nasen-Schutze sind zwar bequem, zumindest für die Fährüberfahrt wollen wir aber ein Upgrade mit besserem Schutz. Ein erster Test allerdings verrät eine neue gesundheitliche Bedrohung: Mundgeruch. Nach wenigen Metern muss ich die FFP2-Maske wieder abnehmen. Ich bin erschüttert. Dabei hatte ich mir doch die Zähne geputzt. Der Ältere mutmaßt, dieses Virus sei eine Verschwörung der tic-tac-herstellenden Industrie. Wir kaufen ein Zehnerpack der weißen Pastillen. Das müsste reichen, um über die Adria zu kommen, ohne am eigenen Odem zu ersticken, auch wenn das natürlich ganz gut zum Sound der griechischen Sagen passen würde, die wir zur Einstimmung im Auto hören.

Meine Güte, was für ein Gemetzel! Und wie der Diskurs die Wahrnehmung verändert. Bei jeder Zeus-Geschichte höre ich die Nymphen in meinem Kopf empört »rape culture« schreien, der ganze Kontinent basiert schon vom Namen her auf sexuelle Übergriffigkeit und Misogynie: Zeus entführt als Stier die schöne Europa gegen ihren Willen, vergeht sich auf Kreta sexuell an ihr, lässt sie anschließend dort sitzen. In einer Art Täter-Opfer-Ausgleich wird dann halt der zugehörige Kontinent nach ihr benannt. Ist ja auch was, soll sie sich mal nicht so haben! Die Kinder schauen uns mit fragenden Augen an, wir zucken die Schultern. So war das damals eben.

Der Grenzübertritt nach Italien ist noch ein wenig aufregender, denn Italien war schließlich europäisches Corona-Schlachtfeld Nummer eins, weshalb wir zumindest den Norden zügig durchfahren wollen. Auch hier allerdings übersehen wir die Grenze und sind daher plötzlich einfach so mittendrin im Krisengebiet. Mit leichtem Schauder lesen wir auf den Autobahnschildern die Namen der Städte, die wir schon aus den Nachrichten der letzten Monate kennen.

In Termoli warten wir, bis Griechenland am 1. Juli wieder die Grenze öffnet und wir übersetzen können. Der Strand dort ist mit einem Einbahnstraßensystem versehen, das um die Heerscharen pedantisch gerade aufgestellter Sonnenschirm- und Liegestuhlreihen herumführt. Auf die Holzplanken der Gehwege geklebte Pfeile weisen die Richtung, in die man sich bewegen darf. Die Strände selbst sind allerdings weitgehend leer. Noch hat sich kaum ein Tourist hierher gewagt, trotz einiger in der Sonne aalender Italiener ist die Überkapazität offensichtlich.

Während die Kinder baden, möchte ich einen Kaffee trinken. Die Frau in der Kaffeebude darf mir den Kaffee aber nur verkaufen, wenn ich mich an einen der Tische draußen setze. Sie bedeutet mir also, mich hinzusetzen. Ich setze mich an einen der Tische, dann stürzt dieselbe Frau auf mich zu, um mir wortreich zu erklären, dass ich mich ohne Maske nicht an einen ihrer Tische setzen darf, auch draußen nicht. Meine Maske habe ich nicht dabei, was aber nichts macht, weil die Bedienung mir einfach eine mitgebracht hat, mitsamt meinem Kaffee. Und jetzt, wo ich den Kaffee vor mir habe, muss ich die Maske nicht einmal aufsetzen, denn das ist nur Vorschrift, solange man sich bewegt oder kaffeelos wartet. Am Ende räumt sie die Maske und den leeren Kaffeebecher zusammen wieder ab. Ich denke, wir sind bestens gegen die zweite Welle gewappnet.

Masken sind in Italien offenbar weiter verbreitet als in Berlin. Jeder trägt hier eine. Allerdings im Freien eher als Accessoire. Noch scheint die Modefrage ungeklärt, wie man sie am coolsten zeigt. Wie ein Freundschaftsbändchen an den Unterarm gebunden, aus der Brusttasche baumelnd, am Gürtel befestigt oder unter dem Kinn schlabbernd. Eine Mehrheit allerdings hat sie mit einem Bügel um das Ohr gehängt und lässt sie von hier lässig herabbaumeln.

Vor der Einreise nach Griechenland muss man ein Online-Formular ausfüllen, auf dem man versichert, kein Covid zu haben und niemanden zu pflegen, der Covid hat. Dann bekommt man einen QR-Code zugemailt, den man bei Betreten der Fähre und des Landes vorzeigen muss.

Wir nehmen die erste Fähre nach dem Lockdown. Der QR-Code wird beim Einstieg gewissenhaft überprüft, der zuständige QR-Code-Prüfer lässt ihn sich von jedem Passagier vorzeigen. Es scheint sich um eine besonders geschulte Fachkraft zu handeln, denn der Mann kann QR-Codes mit bloßem Auge lesen. Wahrscheinlich ein von Bill Gates entsandter Echsenmensch mit in der Pupille eingebautem QR-Code-Scanner. Außerdem wird bei uns auf dem Weg in die Fähre drei Mal Fieber gemessen. Vielleicht lesen sie mit diesen weißen Pistolen aber auch nur unsere Gedanken oder zwangsimpfen uns unauffällig, wer weiß das schon. Wir jedenfalls lächeln freundlich hinter unseren Masken, was zwar eigentlich niemand sehen kann, aber wer weiß. Wenn sie QR-Codes mit bloßem Auge lesen können, können sie bestimmt auch hinter unsere Masken blicken.

Trotz des gründlichen Checks versammelt die Mehrheit der Passagiere sich auf der Fähre lieber auf dem Außendeck, statt im potenziell aerosolgesättigten Inneren die achtstündige Überfahrt zu verbringen.

Bei der Ankunft in Griechenland fühlen wir uns ein bisschen wie in einem dieser Virus-Thriller. Leute in weißen Ganzkörperschutzanzügen stehen bereit, uns in Empfang zu nehmen und stichprobenartig Covid-Tests vorzunehmen. Wir sind allerdings nicht darunter und erreichen spät abends schließlich unseren Bestimmungsort. Etwas ausgehungert, denn auf der Fähre haben wir uns nicht in das Restaurant getraut. Nach Mitternacht in einem ganz normalen Restaurant noch nach Essen zu fragen – an der deutschen Küste wäre das ein vollständig sinnloses bis latent lebensgefährliches Unterfangen. Der Inhaber von Giorgios Taverne aber lächelt nur freundlich: »Selbstverständlich«, sagt er. »Wir freuen uns über jeden, der überhaupt wieder kommt. Willkommen in Griechenland.«

Zufrieden warten wir auf unser Gyros, während ein Blick aufs Worldometer uns die Infektionszahlen des Tages zeigt, frisch von der Johns-Hopkins-Universität. Deutschland: 380. Griechenland: 11. Wir freuen uns, dass wir gut angekommen sind.

DER HARZ KOMMT!
Nils Heinrich

Es war einmal eine Zeit, in der viele Menschen mit einem Billigflieger in ihren Billigurlaub geflogen sind. Der Preis entsprach oft nicht mehr als dem eines belegten Brötchens an irgendeinem Hauptbahnhof einer deutschen Großstadt. Für so ein Brötchen, das mit Käse, Wurst, Tomate, Salatblatt und einem halben Eimer Mayonnaise beladen ist, muss man ja »ein Vermögen« hinlegen. Wenn man fürs gleiche Geld allerdings einen Urlaub inklusive Flug kriegt, »kann man nicht meckern«. Die Floskel »kann man nicht meckern« ist das am häufigsten gebrauchte Qualitätsurteil der Deutschen. Denn wenn selbst der Deutsche nicht mehr meckern kann, dann ist etwas richtig, richtig gut!

»Kann man nicht meckern« wird so häufig verwendet, dass die Stiftung Warentest besonders hochwertige Produkte oder Dienstleistungen eigentlich mit »Kann man nicht meckern« adeln müsste, als Steigerung von »sehr gut«.

Aber zurück zum Billigurlaub. Manchmal bieten Reiseveranstalter ihre Reisen so billig an, dass sie vor lauter Faszination über den kleinen Preis vergessen, mit ihrer Dienstleistung Geld zu verdienen. Viel zu spät fällt ihnen dann ein, dass sie kein staatliches Gesundheitssystem aus der Zeit vor dem Neoliberalismus sind. Und zack! Die Pleite ist da. So ging es ja auch dem Reiseunternehmen Thomas Cook. Als die hochseriöse Firma mit dem Nachnamen eines pfiffigen Weltentdeckers Insolvenz anmeldete und ihre Dienstleistungen einstellte, waren dummerweise die meisten ihrer Kunden gerade im Urlaub.

Alles Menschen, die dachten, sie können durch eine Reise mit Thomas Cook der Realität entfliehen. Und nun wurden sie von dieser Realität eingeholt. Durchschnittliche Mitteleuropäer aus gediegenen Vororten in wirtschaftlich prosperierenden Gegenden hatten plötzlich eine leise Ahnung davon, wie es wohl sein muss, von fundamentalistischen Rebellengruppen aus der eigenen Wohnung vertrieben und durchs Hinterland gejagt zu werden. Menschen, die dachten, sie stehen auf der sicheren Seite der Globalisierung, waren plötzlich mit wenig Gepäck in Ländern gestrandet, deren Sprache sie nicht sprachen und deren Kultur ihnen fremd war. Dass so ein Schicksal auch Mitteleuropäer ereilen kann, war neu.

Die Nachrichten brachten Bilder von weinenden Pauschalurlaubern, die versuchten, sich und den Rollkoffer aus dem eisernen Griff des regionalen Hotelpersonals zu befreien, das die Rechnung fürs Zimmer eintreiben wollte – von einem Urlauber, der dachte, sein Reiseveranstalter hätte bereits alles bezahlt.

Weil Pleiten und Pandemien immer häufiger in die Urlaubsgestaltung reingrätschen, sollte man von vornherein auf Nummer sicher gehen. Mit einem Urlaub im Harz. Der liegt in Mitteldeutschland, ist also für alle Deutschen nicht so weit weg.

Macht man dort Urlaub, tut man das Heiligste, was es in Deutschland gibt: Man rettet Arbeitsplätze. Denn es ist doch so: Jede politische Entscheidung wird daran gemessen, ob sie bestimmte Arbeitsplätze vernichtet oder schafft. Wobei jeder Arbeitsplatz in der Kohleindustrie, den Subventionen zufolge, hundertmal so wertvoll sein muss wie ein Arbeitsplatz in der Solarzellenindustrie. Ganz oben auf der Leiter stehen natürlich die Arbeitsplätze in der Autoindustrie. Die sind hier noch heiliger als in Indien die Kühe! Wichtiger als Entspannung, Lebensqualität, schöne Musik oder auch meinetwegen frische Luft ist dem Deutschen der Arbeitsplatz!

Auch wenn die Arbeit scheiße ist, wenn sie deinen Körper ruiniert, auch wenn man dort gemobbt wird oder man vom Kaffee in der Bürocaféteria einen schlimmen Ausschlag kriegt: Hauptsache, man hat einen Arbeitsplatz.

Würde Gott Arbeitsplätze schaffen – die Deutschen würden wieder an ihn glauben. Und hier kann man ganz konkret durch einen Urlaub im Harz Gutes tun. Denn die Tourismusbranche im Harz wird seit Jahren durch Missachtung gestraft. Sie ist so gut wie nicht mehr existent. Weil die Leute ja lieber Sangria auf Malle schlucken als Schierker Feuerstein in Bad Harzburg. Durch die neuerdings langen, trockenen Sommer stirbt im Harz auch noch der Wald. Und damit bleiben nun auch noch waldverliebte Wanderer aus. Viele tausend Arbeitsplätze im Harztourismus sind vom Klimawandel bedroht. Das weiß nur keiner. Denn die Nachrichten berichten lieber wochenlang von völlig verunsicherten Politikern, die die letzten drei Festangestellten in irgendeiner halb verrotteten Braunkohlegrube retten wollen. Doch der Wind dreht sich, hurra! Unsere Kinder wollen jetzt die Welt retten. Also nicht alle, aber einige. Ich meine die, die freitags auf der Straße demonstrieren. Nutzen wir die Gelegenheit. Unser Nachwuchs kann die Welt nicht mehr nur mit einem Transparent in der Hand retten, sondern ganz praktisch im nächsten Urlaub. Nicht nur am Freitag – an jedem Tag!

Auf diese Art und Weise wird sich entscheiden, wer die Weltrettung ernst nimmt, und für wen der hippe Aufstand nur ein Surftrip auf einer Trendwelle ist. Denn echte Weltrettung ist kein Ponyhof, da muss man raus aus der Komfortzone. Das heißt: WANDERN ist angesagt! Denn natürlich sollte man nicht mit dem Auto in den Harz fahren. Autofahren ist so letztes Jahrhundert!

In ist ein klimaneutraler Fußmarsch über mehrere Stunden mit den Lendenfrüchten zum und durch den Harz. Das wird fein! Das Motto lautet: richtiger Fußabdruck statt CO_2-Fußabdruck! Wer läuft, hat einen Arbeitsplatz. Denn er ist gut damit beschäftigt, nicht hinzufallen – mit dem Zelt vorm Bauch und dem 30-Kilo-Rucksack aufm Rücken. Der braucht kein Tablet zum Seriengucken und keine Playstation zum Fifa-Zocken. Dank großflächig verteilter Funklöcher wird im Harz jedes Smartphone auf die sinnentleerte Existenz eines flachen Batzens Elektroschrott heruntergestuft. Im Harz empfangen die hochgezüchteten Dinger höchstens noch einen halben Balken E. Mit diesem Rest Mobilfunk erübrigt sich auch das alberne Zappeln für TikTok. Wir sind hier schließlich im Herzen der führenden Wirtschaftsnation Deutschland und nicht irgendwo in der italienischen Pampa, wo jeder Olivenbaum volles 4G hat. Die eigenen Teenies haben im Harzurlaub eh keine Hand für Insta frei. Sie werden nämlich den Harz aufforsten. Megaviele Bäume pflanzen. Morgens, mittags, abends! Mit den eigenen Griffeln im Dreck wühlen, statt immer nur die Basis chillen. Immer auf der Suche nach den ganz tollen Pilzen, die ihnen versprochen wurden, und von denen sie im Club oder auf dem Schulhof so viel gehört haben.

Muskelkater statt Katzenfotos!

Der Proviant ist selbstverständlich fleischlos: echter Harzer Käse, vom regionalen Erzeuger, frisch und roh in der Mitte; der ist innen weiß und quillt beim Kauen im Mund ordentlich auf. Da ist selbst das Essen Arbeit. Saurer Atem statt saurer Regen. Unsere Kinder wollen die Welt retten? Also, bitte!

Greta hat den Anstoß gegeben, unser guter alter Kapitalismus hat mit der Thomas-Cook-Pleite den Anreiz gesetzt, und die Globalisierung hat durch den sehr zügigen Weltexport eines brandneuen Krankheitskeims Fakten geschaffen. Ich wünsche jetzt schon mal viel Spaß im nächsten Harz-Urlaub. Und grüßen Sie mir die Brockenhexe! Die nutzt zwar auch einen Billigflieger, aber der fliegt immerhin klimaneutral.

WAHRZEICHEN UND WUNDER
Frank Sorge

Das wirklich größte Wahrzeichen und die größte Attraktion Berlins ist der Fernsehturm. Es ist also garantiert, dass viele Berliner noch nie dort oben gewesen sind, um über ihre Stadt zu gucken. Die wichtigsten Argumente: »Bin ick'n Tourist?«, »Kenn ick doch allet von unten« und »Nee, is doch Osten«.

Ich bin einer dieser Berliner, die noch nie auf dem Fernsehturm waren. Einmal stand ich davor, vor zwanzig Jahren, entschied mich dann aber doch dagegen, weil es teuer und wolkig war. Anstelle dessen holte ich zwei Trinkern, die vor dem Fernsehturm campierten, eine Tüte voll Dosen aus dem Supermarkt, in den sie nicht mehr hineingelassen wurden. Sie bedankten sich sehr, boten mit eine Dose an, und ich setzte mich dazu. Das war eine heitere Stunde vor dem Fernsehturm, daran erinnere ich mich noch genau.

Zehn Jahre später lud ein Freund zu seiner Hochzeit, die im Restaurant oben stattfinden sollte. Ich hätte zwei Fliegen mit einer Klappe schlagen können, aber ich traute mich nicht, bei sehr begrenzten Plätzen, mehr so von der Seitenlinie von Freund- und Verwandtschaft, mich um einen Sitzplatz zu bewerben. Bei der Feier danach schwärmten dann alle, die dabei gewesen waren, von der tollen Aussicht, was bei einer Hochzeit auch im übertragenen Sinne ja ein passendes Gefühl ist. Seitdem aber tat sich keine weitere Gelegenheit mehr auf, und ja, ich weiß trotzdem, wie die Stadt von oben aussieht. Wir haben nämlich ein großes Bild davon im Schlafzimmer, das zentrale Phallussymbol mit eingeschlossen, und auf dem Panoramafoto ist immer gutes Wetter. Da es kein Rundumbild ist, kennen wir aber natürlich den Blick in die andere Richtung noch nicht, außerdem kann man den Kindern so ein Bild nicht jahrelang vor die Nase hängen und nie dort hochfahren.

Endlich also ist es so weit, ich fahre das erste Mal auf den Fernsehturm. Corona-bedingt kann man vorher Tickets für klare Zeiträume buchen, die Schlange ist sehr kurz, und wir sind schnell drin. Wir sollen zur Sicherheitskontrolle weiter, davor ist niemand zu sehen, auch kein Schild, nur eine merkwürdige Absperrung, wir tauchen durch.

»Moment«, ruft eine Stimme, ein Mann greift uns auf. »Wo kommen Sie denn her?«

»Aus Berlin«, sagt meine Frau geistesgegenwärtig.

Das gibt allen ein paar Schrecksekunden, die wir aber nicht nutzen können.

»Und da, die Absperrung, wie sind Sie da vorbei?«

»Na, unten durch«, sage ich. »Hier ist niemand, hier steht nichts.«

»Nee, nee, so nicht«, sagt er und stellt uns hinter eine andere Absperrung. Das hat nur den Sinn, dass wir noch einmal herumlaufen müssen zur selben Stelle, wo sich jetzt ein paar andere Menschen hinstellen. Die werden durchgelassen, wir müssen noch mal warten. Sehr schön, denke ich, deine Macht ist ja wirklich unbegrenzt!

Sehr lange lässt er uns nicht warten, aber doch genau so lange, dass wir uns jetzt sicher sind, dass er schon sehr lange hier im Fernsehturm arbeitet. Vermutlich auch etwas mehr als dreißig Jahre lang schon.

Dass die DDR eine Mangelwirtschaft war, weiß man ja. Aber warum die Dächer der Fahrstühle vom Fernsehturm immer noch nicht raufgeschraubt wurden, verstehe ich nicht. Über dem Kopf ist alles frei und wenn man hochguckt, fühlt es sich so an, als würde man nach oben runterfallen. Zurück fällt man dann nach unten hoch, sehr verwirrend.

Bei Astronauten, die das erste Mal die Erde von oben betrachten, soll sich ja ein starker psychologischer Effekt abspielen. Wir schauen also das erste Mal auf unseren Planeten Berlin und warten, was es mit uns macht.

»Sieht aus, wie bei uns im Schlafzimmer«, sagt ein Kind, und ich wette, das hört man hier nur sehr, sehr selten.

DER DEUTSCHE SATIRERAT
Volker Surmann

Die Ministerin sei ungehalten, heißt es hinter vorgehaltener Hand im Bundeskanzleramt. Oma Umweltsau, die satirisch überspitzte Polizei-Kolumne in der taz, nun der Fall Lisa Eckhart. »Wieso diskutieren wir seit Jahren alle zwei Monate darüber, wie weit Satire gehen darf?«, soll Monika Grütters, Geranienkästen umtretend, getobt haben: »Wieso legt das nicht endlich mal jemand fest? Bei anderen Umweltgiften machen wir das doch auch!«

So könnte nun ein Referentenentwurf umgesetzt werden, den die Kulturstaatsministerin schon nach der Böhmermann-Affäre ausarbeiten ließ: der Deutsche Satirerat. Nach dem Vorbild von Deutschem Presserat und Deutschem Werberat soll ein unabhängiges Gremium die hierzulande tätigen Satireschaffenden beaufsichtigen und Rügen aussprechen können.

Dr. Bernhard Worm, Ministerialdirigent bei der Kulturbeauftragten des Bundes, erklärt das Funktionsprinzip: »Bürgerinnen und Bürger, die sich von Satire ungerecht behandelt oder verunglimpft fühlen, können sich an den Deutschen Satirerat wenden, und der entscheidet, ob diese Wirkung satirisch gerechtfertigt war oder nicht.«

Derzeit arbeite man schon an der Besetzung des Kuratoriums, in dem alle relevanten Religionen, Politik und Medien vertreten sein sollen, aktive Satiriker*innen jedoch nicht. »Man kann ja schlecht den Bock zur Gartenaufsicht machen«, so Dr. Worm. »Aber mit Dennis Scheck ist jemand dabei, der irgendwie was mit Sprache macht und meines Wissens auch schon mal gelacht hat.« Wieso ausgerechnet Scheck? »Das kann ich Ihnen auch nicht so genau sagen, aber der sitzt bei uns in allen Gremien.«

Mit dieser Personalentscheidung ist klar, dass die einzige vorliegende Initiativbewerbung für den Rat unberücksichtigt bleibt. Dieter Nuhr twitterte sofort erbost: »Der Einzige, der in Deutschland weiß, wie Satire geht, bleibt natürlich wieder draußen! #dankemerkel«

Begrüßt wird der Satirerat von Selbsthilfeorganisationen wie der Kabarettpolizei e.V., einer Gruppe, die Satire- und andere Humorveranstaltungen besucht, um Grenzüberschreitungen und fehlgeleitete Pointen zu dokumentieren. Kabarett-PHK Severin Klotz zeigt sich glücklich: »Bislang mussten wir uns in die Vorstellungen setzen und den Auftretenden danach Mails schreiben oder – noch schlimmer – sie in Gespräche verwickeln. Jetzt können wir sie einfach beim Satirerat anzeigen! Das erleichtert uns die Arbeit ungemein!«

Kritiker monieren hingegen die fehlende Repräsentanz von Ostdeutschen im Satirerat, dabei seien sie doch eine der größten Opfergruppen, so Ronny Dübel vom Deutschen Ostdeutschenverband DOV: »Das ist wieder mal ein Schlag ins Gesicht aller Ostdeutschen, dass wir hier erneut unberücksichtigt bleiben. Menno!«

Für Tomke Heulich wäre der Satirerat hingegen ein weiterer zahnloser Tiger. Sie ist Vorsitzende der Bundesvereinigung Beleidigte e.V. – einem Opferverband für Satirebetroffene. Die vegan lebende Waldorfpädagogin aus Bielefeld weiß »aus eigener Erfahrung, wie es ist, schwerst mehrfach betroffenes Langzeitopfer von Satire zu sein.« Sie fordert statt eines »behäbigen Ordnungsorgans« ein Gütesiegel für in Deutschland tätige Satirikerinnen und Satiriker. Nur, wer garantiert niemandem wehtue, solle in deutschsprachigen Medien Satire publizieren dürfen.

Gemeinsam mit dem Bund katholischer Humoristen und dem Fachverband Krankenhausclowns und Ballontierknetende e.V. habe man das Qualitätsmanagement Verträgliche Satire (Q.V.S.) entwickelt, mit dem sich schon jetzt Humorschaffende zertifizieren lassen können.

»Wir stellen uns das vor wie in US-amerikanischen Filmen«, erläutert Heulich. »Da steht im Abspann auch immer hinter dem Namen, in welcher Berufsvereinigung die jeweiligen Autor*innen und Kameraleute sind.« So ein Satirelabel schaffe Transparenz im unübersichtlichen Humorsektor.

Natürlich dürfe Satire alles, auch wehtun. »Aber es steht halt nicht jeder auf Schmerzen.« Das sei wie bei Sex und Sadomasochismus. »Ich verurteile das nicht«, sagt Heulich. »Jeder nach seiner Fasson. Aber ich finde: Wer harte Satire will, soll dafür in entsprechende Etablissements gehen. So was gehört nicht in die Öffentlichkeit!«

Ist das die Zukunft von Satire in Deutschland? Beleidigungssessions in Erniedrigungskellern mit Zugangsbeschränkung ab 18? »Wer drauf steht, wieso nicht?«, gibt sich Tomke Heulich tolerant.

Bis dahin fordert sie verbindliche Grenzwerte: »Satire ist das Glyphosat des Humors, es darf nicht überdosiert werden!« Eine interdisziplinäre Forschungsgruppe hat dazu am Tübinger Rudolf-Steiner-Institut für Geschätzte Psychologie eine Reizskala für Satire entwickelt. Studienleiterin Dr. Heidrun Schlick-Merkur erläutert das Resultat: Auf einer Skala von 1 bis 100 beginne der kritische Bereich bei etwa 60, ab diesem Grenzwert fühlen sich die Probanden – eine repräsentative Mischung aus protestantischen Gender-Studierenden, alten weißen Kolumnisten und CSU-nahen Schusswaffenbesitzern – verletzt oder beleidigt, kurzum »von Satire betroffen«.

Typische Reaktionen seien Hautrötungen, Heulkrämpfe und Schnappatmung.

Und wo liegt das Optimum? »Der beste Wert für Satire ist 42«, sagt Schlick-Merkur. »Das tut niemanden weh, das finden alle irgendwie komisch, darauf können sich alle einigen. 42 ist der perfekte Humor für alle.« Ob sie das mit Namen verknüpfen könne? – »Ach, da bewegen wir uns auf einem soliden Level von Dieter Hallervorden Q.V.S., Barbara Schöneberger Q.V.S., Uli Stein Q.V.S. oder dem Streiflicht der SZ.«

Dieter Nuhr Q.V.S. erreiche schon manchmal den Wert 50, die Umweltsau-Oma hätte mit 71 im kritischen Bereich gelegen, die Titanic liege selten unter 80. Die Studie ist allerdings umstritten. Es bestehen Zweifel an ihrer Unabhängigkeit, kam doch heraus, dass sie aus Drittmitteln der AfD-nahen Leni-Riefenstahl-Stiftung kofinanziert wurde.

Bei Ministerialdirigent Dr. Worm treffen die Ergebnisse indes auf offene Ohren. »Satire soll ja Missstände anprangern. Die Frage ist nur: Haben wir in Deutschland zurzeit überhaupt Missstände? Und gesetzt den Fall: Taugen die auch für Satire?« Er könne sich eine Positivliste des Deutschen Satirerats vorstellen. Statt dass in allen Medien ziellos in alle Richtungen rumgewitzt werde, könnte das Kuratorium Zielvorgaben machen. »Damit würden Wildwuchs in der Satire effektiv verhindert und Kollateralschäden bei unschuldigen Bürgerinnen und Bürgern unterbunden.«

Gefragt nach einem Beispiel auf solch einer Positivliste, muss Dr. Worm nicht lang überlegen: »Wieso steckt man einen USB-Stick immer erst falsch herum rein? Das könnte Deutschlands Satireelite doch mal mit spitzer Feder aufs Korn nehmen!«

EIN BISSCHEN SCHULD HABE AUCH ICH
Robert Rescue

Das Stadtmagazin Zitty ist eingestellt worden. Mit sofortiger Wirkung. Also kein letztes Heft mit den besten Veranstaltungen der letzten 43 Jahre, doppeltem Umfang und Statements von Prominenten, wie leid ihnen die Einstellung tut, wie sehr sie das Heft, das sie vermutlich seit 20 Jahren nicht mehr gelesen haben, jetzt schon vermissen und wie doof sie die Corona-Pandemie finden, die als letzter Sargnagel für die Zitty gilt, und als Krönung einen ätzenden Kommentar zum konkurrierenden Magazin tip. Nein, das alles nicht, sondern ex-und-hopp, hau wech den Scheiß.

Dabei hat sich das Ende schon lange angekündigt. Die Zahl der Berliner ist Legion, die sich immer mal wieder gedacht haben: »Ach, die gibt es noch?«, wenn sie im Kiosk oder Späti auf eine Ausgabe aufmerksam wurden.

Ich selbst gehöre ja auch dazu.

Dabei war ich mal ein überzeugter Anhänger der Zitty. Als ich 1993 nach Berlin kam, wurde sie mein Guide durch die für mich unbekannte Metropole. Mein Heimatkumpan und Gastgeber war Zitty-Leser, also wurde ich es auch. Nicht auszudenken, es hätte bei ihm ein tip rumgelegen. Ich wäre nicht der geistreiche, stets gut gelaunte und charismatische Mensch geworden, der ich heute bin.

Für viele Neuberliner war es die erste Entscheidung, die sie treffen mussten. Zitty oder dieser tip, dieses elitäre, piefige, unpolitische, harmlose »Ding«. Es gab ein regelrechtes Lagerdenken, dem ich mich allzu gerne anschloss. Wenn ich Leute kennenlernte, kam unweigerlich irgendwann die Frage, auf welcher Seite sie standen. Sie konnten hübsch, sympathisch, förderlich sein, aber wenn sie tip-Leser waren, starb augenblicklich in mir jedes Interesse ab.

Zitty, jenes auf Papier gedruckte Zeugnis der ungeheuren kulturellen Vielfalt der Hauptstadt, phasenweise mit jeder Ausgabe etwa ein Drittel so dick wie das Berliner Telefonbuch von A-H. Der Wegweiser durch den Dschungel aller erdenklichen Freizeitaktivitäten, denen man von Montag bis Sonntag frönen konnte. Wenn die Haltbarkeit des Veranstaltungskalenders, aus dem die Zitty ja quasi bestand, plus ein paar Blabla-Artikel, nach 14 Tagen erreicht war, konnte man sie anschließend noch gut als Anzündhilfe für den Kohleofen verwenden.

Ich erinnere mich, dass ich bei meinen ersten Reisen in die Heimat stets eine Ausgabe der Zitty dabei hatte. Ich wollte damit protzen, dass ich in einer Stadt lebte, in der man jeden Tag so viele Dinge erleben konnte wie in meiner Heimatstadt in 300, ach was, 3000 Jahren nicht.

Die Zitty diente mir aber auch als Rettungsanker bei all den Abenden in der ehemaligen Stammkneipe, wenn ich den Gesprächen von Ausländerfeinden, Dorftrotteln und ausländerfeindlichen Dorftrotteln zuhören musste. Ich umklammerte das Heft und wünschte mich fort, oder ich blätterte im Veranstaltungsteil und plante, welche Konzerte oder Lesungen ich besuchen würde, wenn ich dieser kleingeistigen Landhölle endlich entronnen war.

Für viele Studenten, Schüler oder Lebenskünstler war der Job des Zitty-Verkäufers eine gute Möglichkeit, um das BAföG, das Taschengeld oder die Sozialhilfe aufzustocken. Alle vierzehn Tage sah man sie zuhauf, in Kneipen, vor U-Bahn-Stationen, an belebten Kreuzungen, vor großen Kaufhäusern. Damals ein alltägliches Bild, ebenso wie die Zeitungsverkäufer von B.Z. oder Berliner Kurier, die mit ihren Wägelchen oder Shoppern um die Häuser zogen. Sie trugen Schlüsselbunde bei sich, mit denen sie nachts die Haustüren öffneten, um den Abonnenten die frische Zeitung in die Briefkästen zu stecken. Es waren gewaltige Schlüsselbunde, mit fünfzig oder hundert Schlüsseln, und sie lärmten durch die nächtlichen Straßen.

Eigentlich unnötig zu erwähnen, dass ich seit Jahren weder einen B.Z.- noch einen Zitty-Verkäufer gesehen habe, aber ich tue es trotzdem.

Eine Freundin von mir arbeitete damals als Zitty-Verkäuferin am U-Bahnhof Wittenbergplatz. Ich habe sie häufiger dort besucht und das, wie ich gerade bemerke, ohne ihr vorher eine Message zu schicken. Einfach so, weil ich wusste, dass sie alle zwei Wochen zu einer bestimmten Uhrzeit dort stand. Total verrückt. Ich erinnere mich, dass es meist schlechtes Wetter war. Dick eingepackt und mit einer Thermoskanne in der Armbeuge stand sie da. Wenn sie mal auf Toilette musste, hatte sie einen Verdienstausfall. Einmal habe ich ihr ausgeholfen. Stand da und verkaufte die Hefte, etwa 15 Stück in den zehn Minuten, die sie weg war.

Die Rubrik, die ich neben den Veranstaltungen am meisten studierte, waren die Kontaktanzeigen. Ich war nicht einsam, aber ungebunden und leider nicht umtriebig. Daher begann ich irgendwann Mitte der Neunziger mit den Chiffre-Anzeigen, lange bevor es E-Mail-Adressen gab, noch viel länger, bevor Parship und Tinder auf den Markt kamen. Ich entwickelte eine Obsession dafür, gab eigene Anzeigen auf und bekam irgendwann auch Zuschriften, antwortete auf Inserate und traf mich zu Blind Dates. Manchmal war ich der einzige, der am Treffpunkt wartete, manchmal wusste ich nach fünf Minuten, dass ich den Abend anders hätte verbringen sollen.

Es hat nicht einen einzigen Treffer gegeben, aber ich habe das gute drei, vier Jahre mitgemacht. Damals gab es noch keine

Algorithmen, sondern Bürokräfte, die die vertraulichen Chiffre-Nachrichten Nummern zuordneten und die Kennenlernpost an die Empfänger zustellten.

Ein bisschen Schuld am Untergang der Zitty habe auch ich. Erst kam eine Beziehung, dann das Internet. Plötzlich gab es Websites von Bands, Newsletter von Bands und Blogs von Bands, wo sie ihre eigenen Konzerte bewarben.

Es brauchte kein gedrucktes Heft mehr.

Zu Konzerten ging ich irgendwann auch nicht mehr aus eigenem Antrieb. Oder zu Ausstellungen oder Lesungen. Einmal in zehn Jahren besuchte ich ein Museum und einmal in zwanzig Jahren ging ich tanzen, wobei das auch nur »passiv«, um das mal so auszudrücken. Manchmal verlasse ich die Wohnung nur zum Einkaufen oder zu Auftritten. Seit etwa 20 Jahren habe ich keine Zitty mehr gekauft. Vielleicht lag das aber nicht an der Änderung von Lebensumständen oder an meiner Lethargie, sondern am Ende des Klassenkampfes zwischen tip- und Zitty-Lesern. Beide Magazine landeten unter dem Dach eines Verlages und wurden von einer gemeinsamen Redaktion produziert. Es herrschte quasi Frieden, aber von oben diktiert. Ob das der gemeine Leser akzeptieren wollte? Sollte es künftig keine eingeschlagenen Fensterscheiben mehr bei Kiosken geben, die das Konkurrenzheft verkauften? Keine nächtlichen Hetzjagden mehr auf die Leser des anderen Blattes mit abschließendem Aufknüpfen an der nächsten Straßenlampe?

Womöglich hat sich die Zitty all die Jahre nur über den Veranstaltungsteil und Anzeigen über Wasser gehalten. Aber seit Beginn der Corona-Pandemie gibt es keine Veranstaltungen mehr. Wer hätte das auch ahnen können? In Filmen oder Büchern über Pandemien sterben Hunderttausende wie die Fliegen, alles brennt, es gibt nichts mehr zum Shoppen, und das Militär schießt auf Zivilisten. Aber von ausgefallenen Veranstaltungen handeln all die Katastrophenszenarien nicht. Vermutlich hatten die letzten Ausgaben der Zitty nur noch den Umfang eines Flyers. Tipps für Restaurantbesuche machten ja auch keinen Sinn mehr.

Was mich an dem Ende der Zitty am meisten wurmt und was ich nicht verhehlen kann: Der tip macht weiter. Der hat den Überlebenskampf (vorerst) gewonnen.

So eine Scheiße aber auch.

EINPACKEN, WAS WIR NICHT LOSWERDEN

Thilo Bock

Das wirklich letzte Gespräch mit Christo
über sein Projekt »Wrapped World«

Er hat einen Strand verhüllt, Felsen, Parkwege, Bäume und sogar Gewässer. Stets gemeinsam mit seiner Frau Jeanne-Claude packte er auch eine berühmte Pariser Brücke ein sowie den Berliner Reichstag. Letzteres vor genau 25 Jahren. Pfingstsonntag ist der aus Bulgarien stammende New Yorker Künstler Christo gestorben. Nachrufe weisen auf sein letztes Großprojekt hin, auf die Verhüllung des Arc de Triomphe in der französischen Hauptstadt. Christos aktuelle Arbeit hingegen bleibt unerwähnt. Wenige Tage nach seinem Tod hat er uns dazu exklusiv Details verraten.

BB: Christo, stimmt es, dass Sie derzeit an einem geheimen Projekt arbeiten?

Christo: Was heißt »geheim«? Ich wüsste niemanden, der es nicht mitbekommen hätte.

BB: Ach ja?

C: 1962 haben Jeanne-Claude und ich in Paris die Rue Visconti mit 89 Ölfässern blockiert. Ohne Genehmigung und ohne Helfer. Was für ein Gefühl von Freiheit! Die wollten wir uns auch später nicht nehmen lassen. Als zum Beispiel der Reichstag verhüllt war, gab es ja nicht mehr viel zu tun in Berlin. Den ganzen Tag mit Eberhard Diepgen, ...

BB: ... also dem damaligen Regierenden Bürgermeister von Berlin ...,

C: ... Berliner Weiße trinken, das hat uns eher nicht so angetörnt. Also haben wir Käsebrote in Pergamentpapier gewickelt und sie an zufällig aus dem Telefonbuch ausgewählte Adressen in Deutschland schicken wollen. Als wir mit 500 Stullentüten zur Post gegangen sind, wurde uns erklärt, der Versand von zubereiteter Nahrung sei nicht gestattet. Aus hygienischen Gründen.

BB: Was haben Sie daraufhin gemacht?

C: Käsebrote gegessen. Five hundred sandwiches! Ich kann Ihnen sagen, das schlägt ganz schön auf den Magen! *(lacht)* Hat uns aber auf eine neue Idee gebracht. Wir haben Toilettenpapier gekauft. 500 Rollen. Und die haben wir dann an die Menschen geschickt mit der Aufforderung, selber irgendetwas einzuwickeln. Natürlich haben wir gehofft, dass das die Deutschen inspiriert und sie sämtliches Klopapier aufkaufen, um ihr Land einzupacken. Das ist leider verpufft. Dachten wir damals jedenfalls.

BB: Erstaunlicherweise wurde zu Beginn der Corona-Krise in ganz Deutschland überall Toilettenpapier gekauft.

C: There you go! Ihr Deutschen seid langsamer, als wir angenommen hatten. Von wegen Blitzkrieg, Tempo 300 auf die Autobahn, preußisches Zackzack! Ihr habt twenty-five years gebraucht, um unsere Einladung zu akzeptieren, euch an *Wrapped World*, also der allgemeinen Verhüllung der Welt, zu beteiligen.

BB: Sie wollen doch nicht behaupten ...?

C: Behaupten will ich gar nichts. Ich sage nur so viel: Mitunter muss man ein bisschen nachhelfen, um Dinge zu erreichen. So mussten wir erst the Berlin Wall verhüllen, bevor wir das mit dem Reichstag ebenso machen durften.

BB: Die Berliner Mauer wurde doch aber nicht verhüllt, sondern eingerissen.

C: Die einen sagen so. Die anderen so. Fakt ist, die Mauer war nicht mehr zu sehen. Übrigens unser einziges Langzeitprojekt. Wobei es ja seit thirty years Bemühungen gab und gibt, the Wall wieder sichtbar zu machen.

BB: Wie, sagten Sie, heißt dieses neue Projekt? *Wrapped World?*

C: Genau! *Wrapped World!*

BB: Und wann fangen die Leute mit dem Einpacken an? Wir haben davon noch nichts bemerkt.

C: Really? Das hat doch längst schon begonnen! Haben Sie nicht die leeren Kanäle in Venice gesehen, die verödeten Plätze auf der ganzen Welt, menschenleere Straßen in Paris, Bejing und New York City? Ich bin neulich mit meinem Longboard über die 5th Avenue gecruised. What a feeling!

BB: Sie haben ein Skateboard?

C: Ein Geschenk von Jeanne-Claude. Bis ich es nach ihrem Tod endlich ausgewickelt habe, hielt ich es für ein Modell von ihr für die Verhüllung einer gigantischen Wippe oder so. Aber nirgends auf der Welt habe ich so etwas ausmachen können. *(lacht)* Wer würde auch so ein Monstrum in die Gegend stellen?

BB: Klingt ein bisschen nach der Einheitswippe vor dem Berliner Schloss.

C: Damn! Sie haben Recht! Und ich habe gedacht, Jeanne-Claude wollte, dass ich mich zwischen den Skatern im Flushing Meadows Corona Park zum Affen mache.

BB: Im Flushing Meadows Corona Park?

C: Oops, jetzt isses raus! (lacht) Wobei die meisten das »Corona« im Flushing Meadows Park ja verschweigen. Deswegen dachte ich, man könnte diesem schönen lateinischen word eine Renaissance bereiten. Bis vor Kurzem haben die meisten das nur mit dieser fürchterlichen Plörre aus Mexiko in Verbindung gebracht. Die benutze ich immer, um meine Pinsel zu putzen.

BB: Wegen eines Wortes setzen Sie ein tödliches Virus in die Welt?

C: Eh eh eh! The virus, das Virus war ohnehin da. Das haben die Menschen sich selber eingebrockt mit ihrer pollution und Naturzerstörung. Wir ästhetisieren lediglich den Umgang mit unserer schleichenden Selbstvernichtung. Diese leeren Städte, durch die die wilden Tiere streifen. Die Rückübernahme der Welt durch die Natur werden wir ja nach unserer Ausrottung so nicht zu sehen bekommen. Wrapped world ist gewissermaßen die Projektion einer Welt ohne uns Menschen. Wir werden langsam invisible hinter unseren Gesichtsmasken.

BB: Die gehören auch zu dem Projekt?

C: Of course! Das ist das Teilprojekt *The Wrapped Voices*. Damit wird die schweigende Mehrheit sichtbar gemacht. Richard Nixon ist damals durch die Ansprache an die »große schweigende Mehrheit« der Amerikaner Präsident geworden. Donald Trump sieht sich ja als sein Wiedergänger. Er und seine Anhänger wittern hinter dem Gebot, Masken zu tragen, eine Verschwörung. Und indem sie sich dem verweigern, wird deutlich, dass sie nur die keifende Minderheit ausmachen. Während die Mehrheit aller Menschen den Wunsch hegt, das lästernde Lügenmaul des Präsidenten würde hinter solch einer Maske verschwinden. Once and for all!

BB: *Wrapped world* ist also der Versuch, Donald Trump zu besiegen?

C: It's a sign! Ein Menetekel. Die Mahnung, sich zurückzunehmen. Homeoffice zu betreiben. Auf Abstand zu bleiben. Die Gesellschaft könnte sich aus sich selbst heraus heilen.

BB: In den USA bahnt sich doch aber gerade ein Bürgerkrieg an mit Trump als Brandbeschleuniger.

C: Das ist der nächste Schritt von *Wrapped World*: Die Selbstauflösung der United States. Donald Trump drückt der Freiheitsstatue die Kehle zu. Doch die Statue of Liberty lässt sich nicht verhüllen. Ich zumindest habe keine Lösung dafür gefunden, wie man das anstellen sollte. Deswegen wird nächstes Jahr stattdessen der Triumphbogen in Paris eingepackt. Auch so ein Symbol des Imperialismus, den es zu überwinden gilt. Donald Trump wird da aber längst schon gut verpackt und eingemottet sein.

BB: Das klingt sehr sicher.

C: Ich habe Melania letzte Woche eine Großpackung vierlagiges Toilettenpapier aus Stahlwolle geschickt.

BB: Und das versteht sie als Aufforderung?

C: Melania stammt wie ich vom Balkan. Und dort gibt es ein altes Sprichwort: Die Scheiße, die du nicht abwischen kannst, musst du gut einwickeln. Sonst kommt sie mit der nächsten Welle wieder hoch.

BB: Christo Vladimirov Javacheff, wir danken Ihnen für das Gespräch.

DIE SCHWEINE VOM WALDSEE
Volker Surmann

Die Natur rückt dem Menschen immer näher auf die Pelle. Wildschweine sind mancherorts zur Plage geworden, durchwühlen Gärten und Mülltonnen. Nun gehen die Borstentiere einen Hufschritt weiter. Eine Rotte im Berliner Grunewald hat sich darauf spezialisiert, Nacktbadenden am Teufelssee am helllichten Tag ihren Proviant zu klauen.

Wir begleiten Oberforstinspektor Tronte Fleischer bei seinen Ermittlungen. Er ist Diplomporcologe und führender Verhaltensforscher der Wald-und-Wiesen-Direktion Berlin-West. Morgens um fünf legen wir uns auf die Lauer. Noch zieht sachter Morgennebel über die Wiese. Ein paar Wildschweine suhlen sich in Lehm und Tau und hinterlassen ihre Losung im Gras – normales Wildschweingeschäft.

Bald erreichen die ersten Sonnenstrahlen die Lichtung am Waldsee und brechen sich in den Hightech-Textilien vorbeijoggender Zahnarztgattinnen aus Zehlendorf. Der erste Nacktbadende bezieht sein Revier. »Das ist Kurt«, raunt uns Fleischer zu. »Als Nacktbadegast hier heimisch seit circa 1985. Seine Liege steht auf den einzigen zwei Quadratmetern, die garantiert von 7 bis 17 Uhr nicht beschattet werden.« Kurts Haut gleicht der von dunkel gegerbten Lederslippern, Hautkrebs hat da keine Chance mehr. Die Wildschweine haben sich mit Kurts Ankunft verzogen.

Ein paar Stunden später: Die Wiese ist gefüllt mit der Berliner Mischung aus alteingesessenen FKK-Fans, Schwulen und

Hipstern. Seit er im Lonely Planet empfohlen wurde (»must-see for berlin nudity«; Platz 2 nach dem KitKatClub), ist dieser See auch bei Partyhipstern und Expats beliebt. »Bald müsste es so weit sein«, flüstert uns Fleischer zu.

»Ist das denn normal, dass die sich hier so zeigen?«, wollen wir wissen. – »Ich glaub ja nicht, dass man sich so zur Schau stellen muss«, grübelt der Oberforstinspektor. »Da kann man ja alles sehen. Das ist doch nicht schön …«

»Wir sprachen nicht von FKK.« – Fleischer ist kurz irritiert, fängt sich aber schnell: Dass die Wildschweine hier zuschlügen, sei nicht verwunderlich. Die klugen Tiere hätten ein Gespür dafür, dass dies Menschen im Naturzustand sind, zumal die Nackten ja gerade ihre nächtliche Losung plattlägen. Vor Joggenden in neonfarbener Laufsynthetik ergriffen sie hingegen instinktiv die Flucht.

Zwei Vollbartträger verziehen sich gerade gemeinsam ins Gebüsch. Kurz fürchten wir, dass unsere Deckung auffliegt, doch ein paar Meter vor unserem Versteck verharren sie. Wir hören sie stöhnen. Nach ein paar Minuten fliegt uns ein Kondom vor die Füße. »Verdammte Schweine«, zischt Fleischer und birgt das Latex delicti vom Waldboden. »Igel schlecken die gern aus«, erklärt er. »Aber zu oft bleiben sie mit ihrer kegelförmigen Schnauze im Gummi hängen und verenden jämmerlich. Denkt auch niemand dran beim Quickie im Grünen.« Grummelnd widmet er sich wieder seinem Fernglas. »Pssst, da tut sich was!«

Aber das »Pssst« ist völlig unnötig. Samstagnachmittag, 15 Uhr, da ist die Wiese am Teufelssee so ruhig und idyllisch wie der Pausenhof einer Förderschule für ADHS-Kinder.

»Wohl noch ein Jungtier!« Kakofonisch unbeeindruckt tapst eine Wildsau auf die Liegewiese, trottet zur nächstgelegenen Picknickdecke und schnappt sich eine, noch in einer Tüte verpackte Wassermelone. Noch bevor die Sonnenbadenden den

Mundraub realisiert haben, ist das Tier in einen Fight mit dem Diebesgut eingetreten, der erinnert an einen Mix aus Balzkampf, Fußball beim SC Schalke 04 und Hammerwurf.

»Es ist unglaublich!«, jubelt Fleischer neben uns. »Das ist fast dieselbe Wurftechnik wie bei der usbekischen Hammerwerferin Olga Knawczienkowa bei der WM '98!« Die hatte sich im vorletzten Versuch die Schulter ausgekugelt und warf den letzten Wurf mit den Zähnen. »'Schuldigung, Hobby von mir ...«

Wir beobachten das Borstentier: Sein Rückenfell weist einen leichten Iro auf und passt gut zur anwesenden Hipster-Community. Selbst den obligatorischen Schnauzbart kann man beim Schwein ausmachen. Wir deuten auf die Szene: »Ist das normal?«

»Normal wäre Flucht«, sagt Fleischer. Das aber hat die Sau nicht getan.

»Wer redet von der Sau?« Der Oberforstinspektor deutet auf die Traube von Badegästen, die allesamt ihre Handys gezückt haben und den Clip, mit entsprechenden Clickbaits versehen, bald viral gehen lassen werden: »Plötzlich stand das Wildschwein auf unserer Picknickdecke, und was dann geschah, ist einfach unglaublich.« Die Sau als Influenzerin. »Was ist denn das für ein Scheißwald hier!«, flucht gerade ein Kerl mit pastellblauem Dutt: »Die Upload-Rate is' voll lame!«

Das Borstentier schaut kurz auf, scheint zu überlegen, ob der tätowierte Unterschenkel des Fluchenden nicht ein attraktiveres Futter ist als eine plastikverpackte Melone.

»Wenn ein Wildschwein seine Hauer in Ihre Wade rammt, stehen die Chancen nicht schlecht, dass Sie noch im Wald verbluten«, erklärt uns Forstinspektor. »Es kommen in Deutschland jährlich mehr Menschen durch Wildschweine um als ...«

»... bei Polizeieinsätzen?«, helfen wir aus.

Fleischer nickt.

Wir betrachten den gehipsterten Unterschenkel im Feldstecher: ein feuerspuckender Drache mit Elfenohren. Na, der dürfte unseretwegen auch Blut spucken – ein interaktives 3D-Tattoo. Doch so weit kommt es nicht. Nach Verputzen der Melone zieht sich das Wildschwein unter Beifall der Umstehenden zurück ins Unterholz. »Aber weit wird es nicht sein …«

So werden wir eine Stunde später Zeuge, wie sich zwei Tiere durch schweinenackenhohes Gras an die nächste Picknickdecke anpirschen und ein paar quiekenden Expats die Tupperdosen entführen. Kann man da schon von Dressur sprechen?, fragen wir den Experten. Berlins neue Attraktion: die dressierten Wildsäue vom Teufelssee?

Wie wir auf die Idee kämen, dass die Wildschweine die Dressierten seien? Der Verhaltensporcologe klärt uns auf: Wildschweine sind hochintelligent, ihr Sozialleben ist ausgefeilt, man solle eher davon ausgehen, dass sie gerade dabei seien, die Nackten hier zu dressieren.

Es bleibt an diesem Tag bei zwei Beutezügen der Rotte. Als die Sonne sich hinter die Baumkronen verzieht, verbleiben nur ein paar Partygrüppchen auf der Wiese. Bierflaschen und Joints kreisen. Wir brechen auf. Tronte Fleischer schüttelt den Kopf: So nah seien die Wildschweine dem Menschen noch nie gekommen. »Was kommt da als Nächstes?« Vereinzelt wären die Tiere sogar schon auf Computertaschen losgegangen! »Aber was sollen Wildtiere mit Laptops?!«

Am Rand der Lichtung kommt uns ein etwas desorientierter Lieferando-Radler entgegen. Ob wir acht Pizza Funghi bestellt hätten? Wir schütteln den Kopf und sehen ihm nach, wie er etwas hilflos über die Wiese tapst. Da löst sich eine Rotte Wildschweine aus dem Unterholz und läuft freudig grunzend auf ihn zu.

DER GROSSE GRABEN
Heiko Werning

Eine Bachblüten- und Metalltherapeutin hat also eine krude Versammlung aus Nazis, Reichsbürgern, Trump- und Putin-Fans sowie vermutlich Globuliabhängigen und Echsenmenschenkritikern dazu gebracht, den Reichstag zu stürmen. Eine Metalltherapeutin! Wirklich! Gibt die ihren Patienten Eisen zu essen? Gibt sie ihnen Blei? In einer Patrone? Direkt in den Kopf? Man weiß es nicht.

Jedenfalls hat eine Bachblüten- und Metalltherapeutin nun also diese seltsame Versammlung dazu gebracht, den Reichstag zu stürmen. Genauer: Sie hat diese paar hundert Volkskörper motiviert, einige Treppenstufen zu erklimmen, um sich dann von drei beherzten Polizisten zurückdrängen zu lassen. Jetzt mal ehrlich: Das also soll der Sturm auf den Reichstag gewesen sein? Angepfiffen von einer undeutsch frisierten Frau, mit bloßen Händen von drei Wachtmeistern abgewehrt, von denen einer noch nicht mal seine Mütze aufhatte? Große Güte! Wenn das der Führer wüsste!

Trotzdem ist das Entsetzen nun überall groß. So etwas darf nie wieder passieren, heißt es allerorten. Weshalb ein schon seit Jahren geplantes, aber im üblichen Berliner Verwaltungstrott bislang versumpftes Sicherheitskonzept nun noch rascher verwirklicht werden soll – ein zweieinhalb Meter tiefer und zehn Meter breiter Graben, der das Volk von »Dem Deutschen Volke« zuverlässig abtrennen soll.

Die Idee hat Charme. Den Gegner mit seinen eigenen Waffen schlagen! Bislang waren es eher die Reichsbürger selbst, die um ihre Einflusssphären – meist irgendwelche Baracken in von wieder heimisch werdenden Wölfen bevorzugten Ödländern – pompöse Wehranlagen errichtet haben, auf dass ja kein Mitglied der BRD GmbH ihnen in den maroden Hühnerstall lugen kann. Und es ist doch schließlich the Real Donald Trump, der Held aller unsicheren QAntonisten, der stets die Errichtung massiver Grenzen verlangt. »I will build a impenetrable, physical, tall, powerful, beautiful wall!« Berlin habe schlechte Erfahrungen mit Mauern gemacht, schrieb der Regierende Bürgermeister dem amerikanischen Präsidenten deshalb einst – und hat daraus jetzt etwas überraschend den Schluss gezogen, dass man dann beim nächsten Mal halt besser einen Graben nimmt. Wegen der Aussicht vermutlich.

Was denn das für eine Symbolik sein soll, jammern nun die ewigen Bedenkenträger. Den Sitz der Repräsentanten des deutschen Volkes vor den anderen Repräsentanten des deutschen Volkes mit mittelalterlichen Befestigungsanlagen abgrenzen! Wozu habe man einst eine für Offenheit stehende gläserne Kuppel auf den ollen Angeberbau geflanscht, wenn man die Leute jetzt laut eben jenem neuen Sicherheitskonzept allen Ernstes wie eine Horde Nacktmulle durch unterirdische Gänge zum Hohen Haus krabbeln lassen will?

Andererseits bietet sich symbolisch ja immer einiger Gestaltungsspielraum. Der Graben ließe sich vielleicht auch mit Wasser füllen, wodurch ein schönes renaturiertes Feuchtgebiet entstehen könnte – ein erstes schwarz-grünes Vorzeigeprojekt auf Bundesebene! Wenn der Reichstag dann über der Wasserfläche aufragt, erinnert er an eine prächtige Seerose, und man könnte ergänzend noch ein paar Bachblüten drauf herumtreiben lassen. Schon würde die nächste Reichstagsstürmerfraktion unter der Führung von Naturheilpraktikern und Metalltherapeuten sich im Lotussitz zum Sonnengruß vor dem Parlament versammeln, statt auf den Stufen Krach zu schlagen.

Wobei man natürlich auch fragen könnte, warum man so viel Aufwand betreibt, um Nazis und Globuligläubige vom Bundestag fernzuhalten, wo doch bekanntlich schon reichlich Vertreter beider Gruppen als Abgeordnete mittendrin sitzen?

Aber wenn das alles jetzt die neue Taktik gegen Rechtsextreme sein soll – bekommt dann jeder Vertreter der Lügenpresse auch so einen Graben vors Haus? Ist deshalb bei mir auf der Seestraße die Straße monatelang aufgerissen worden? Und stellen wir dann auch jedem von rassistischen Cops gebeutelten, irgendwie ausländisch aussehenden Mitbürger zum Ausgleich einen Ordnungshüter aus der Bauserie der guten Polizisten von der Bundestagstreppe vor die Tür?

Das Problem mit Nazis, Reichsbürgern und Wissenschaftsleugnern ist aber ja in Wirklichkeit gar nicht, dass sie an prominenter Stelle wie vor dem Reichstag plötzlich sichtbar werden. Das Problem mit ihnen ist, dass es sie gibt. Und dass sie das tun, was sie normalerweise tun, wenn sie mal nicht gerade für Pressefotos vor symbolischer Kulisse posieren: nämlich Andersdenkende, Andersaussehende und Schwächere diskriminieren, verprügeln und ermorden, sie infizieren oder ihnen die Lebensgrundlage zerstören. Dagegen hilft kein Graben vor einem Gebäude, dagegen hilft nur die Befestigung des gesellschaftlichen Bollwerks, und zwar durch Bildung, Aufklärung und Sozialarbeit einerseits sowie konsequente Strafverfolgung andererseits. Auf dieses Bauwerk würde ich mich wirklich freuen.

UNFREI
Nils Heinrich

Viele Millionen Menschen, ja eigentlich ALLE sind am 1. August in Berlin gegen Unfreiheit auf die Straße gegangen. Sie fühlen sich geknechtet, weil sie beim Einkaufen eine Maske tragen müssen. Und im Bus. Wenn ich mir allerdings diese Autofahrerbäuche einiger Demonstranten angucke, sage ich mir schon, dass diese Leute vielleicht gar nicht wissen, was Busfahren ist. Und ich habe auch Zweifel daran, dass diese Leute wissen, was »unfrei« bedeutet. Ich weiß es, weil ich es schon erlebt habe.

Und nun wieder ein Beitrag aus der Reihe »Opa erzählt vom Krieg!«, tadaaaa, und ich beschränke mich mal auf die ganz einfachen Dinge, damit es auch Dreijährige verstehen:

Unfrei heißt, kein YouTube zu haben, kein Netflix, kein RTL, Sat.1, ProSieben und Sat.1 Gold. Unfrei heißt, nur vier Programme im Fernseher zu haben, die alle nachmittags Testbild ausstrahlen. Unfrei heißt, nicht mal einen Videorekorder zu besitzen. In dem man dann auch keine ausgeliehenen Filme angucken kann, die man vorm Rückbringen zurückspulen muss. Unfrei heißt, nur zwei Radiosender hören zu können, in der Hoffnung, dass die vielleicht irgendwann mal das momentane Lieblingslied spielen. Und dass man in diesem Augenblick nicht gerade auf dem Klo hockt. Unfrei heißt, nach 18 Uhr nicht mehr einkaufen zu können. Und auch zwischen 12 und 15 Uhr nicht einkaufen zu können. Und sonntags nicht beim Bäcker einkaufen zu können. Unfrei heißt, sich kein eigenes Haus bauen zu können, weil es kein Baumaterial gibt, weil es keinen Baumarkt gibt. Unfrei heißt, kein Auto zu haben. Unfrei heißt, eine eigene Wohnung nur zu bekommen, wenn man verheiratet ist und Kinder hat. Unfrei heißt, arbeiten gehen zu müssen. Von der Ausbildung bis zur Rente im selben Job. Unfrei heißt, nicht einen Pfennig Arbeitslosengeld vom Staat zu kriegen, wenn man nicht arbeiten gehen will. Oder kann. Oder darf. Aus religiösen Gründen. Oder was weiß ich.

Unfrei heißt, vor einer Telefonzelle anstehen zu müssen, weil man ein vorher angemeldetes Ferngespräch führen will. Oder zeitgemäß ausgedrückt: Unfrei heißt, nicht permanent, egal wo man ist, sondern nur zu Hause am Schreibtisch mit einem 56K-Modem ins Internet gehen zu können und vorher gucken zu müssen, wann das am wenigsten kostet.

Unfrei heißt, sich für die zwei bis vier im Land verfügbaren Automodelle gar keine Felgen aussuchen zu können. Unfrei heißt, zur Armee eingezogen zu werden und bei Wehrdienstverweigerung im Knast zu landen. Unfrei heißt auch, sich nur von einer Nachrichtensendung pro Tag beunruhigen zu lassen. Nicht wie heute vom eigenen Handy, von Push-Nachrichten, von WhatsApp und Facebook und den vielen absoluten Wahrheiten im Netz und vor allem von den eigenen Bekannten, die einem jederzeit den Kopf mit Quatsch zuposten, sodass man am Ende gar nicht mehr weiß, welchen Aggregatzustand man selber hat. Puh. Ja, man ist heute frei, alles, was einem erzählt wird, sofort zu glauben. Ohne nachzuprüfen, ob das stimmt. Ohne nachzuprüfen, ob das stimmt. Ohne nachzuprüfen, ob das stimmt. Und viele, und immer mehr, machen von dieser Freiheit Gebrauch. Puh!

Ich könnte jetzt noch drei Stunden weiter referieren, über volle Regale im Supermarkt, immer verfügbare Kinderschuhe, trinkbares Leitungswasser und so weiter. Aber ich habe keine

Zeit. Ich muss Pfandflaschen wegbringen, die Bude saugen, die Spülmaschine ausräumen und mich um die Kinder kümmern. Ich bin Familienvater. Mir braucht also niemand sagen, was unfrei ist. Und wer das doch versucht, ist vermutlich extrem verwöhnt und kriegt den Hals einfach nicht voll. Und haut sich alles, was er kriegen kann, rein. Und hat dann gedankliche Verdauungsstörungen. Und das ist, glaube ich, auch ein Grund für die ganze Verwirrung.

IM RAUSCH DES SOMMERS
Frank Sorge

Na, das war doch ein schöner Sommer. Man kam selten raus, aber er war trotzdem schön. Grillpartys sind sämtlichst ausgefallen, eine Krebsgefahr weniger. Man hatte genug zu jammern wegen Hitze, und jetzt hat man genug zu jammern, dass es schon wieder so kalt ist. Im Urlaub hat man schön nichts erlebt, aber sich vielleicht trotzdem erholt. Man war kaum essen, aber abgenommen hat man trotzdem nicht. Man hat niemanden kennengelernt, aber die man schon kannte, sind ja immer noch nett. Man hat nicht zu lange irgendwo rumgesessen und sehr viel weniger merkwürdige Mixgetränke getrunken. In unserem Urlaubsort an der Ostsee gab es, was es immer gab, es gab sogar einen kleinen Rummel auf der Festwiese. Wir fuhren am frühen Abend hin, nicht ganz sicher, wann er schließen würde. Aber er hatte geöffnet, es war nur niemand da außer uns. Am Eingang sollte man sich in die Besucherliste eintragen. Kurz überlegte ich, ob es an dieser Stelle und mit dieser über die ganze Wiese sichtbaren Nullauslastung die Mühe wert war, und schlenderte kurzerhand weiter. Meine Frau aber bestand darauf, also wurden wir erst von den fünf Standbetreibern ausführlich dabei beobachtet, wie wir unsere Daten eintrugen. Dann erwarteten sie unseren Besuch.

Mir ist es unbehaglich, wenn man sich wirklich hinter niemandem mehr verstecken kann. Natürlich waren die Kinder froh, dass sie Karussell fahren konnten. Aber da wir nun allein am Karussell die ersten Geldscheine rausrückten, sahen das natürlich die anderen vier Standbetreiber und wollten auch. Es gab noch einen Zuckerwattewagen, einen Ballonverkäufer, ein Riesenrad, und einen Stand mit Virtual-Reality-Erlebniskisten. Von diesen dröhnte auch ätzender 90er-Jahre-Techno über die Wiese, der das Szenario abrundete. Endlich waren die Karussellrunden abgedreht, und schön der Reihe nach gingen wir erst mal zur Zuckerwatte. Mit aller gesammelten Kraft für eine freundliches Verkaufsgespräch nahm die Frau unseren Wunsch nach Zuckerwatte entgegen und heizte die Maschine an.

Frisch gestärkt vom geschmacklosen Gespinst aus billigster Raffinade gingen wir rüber zum Riesenrad. Es war die kleinste Ausführung eines Riesenrades, ein Riesenrädchen, aber für die Kinder trotzdem aufregend. Nachdem wir den Mann in der Kassenbude aufgeweckt hatten, setzten wir uns in eine Gondel, und er ging an die Steuerung. Zuerst drehte er uns einmal hoch und setzte uns für ein paar Minuten ab. Die Kinder waren etwas irritiert ob der Höhe, aber wir konnten schön über die Dächer des Ortes gucken. Wir sahen auch, dass eine zweite Familie den Rummel betreten hatte und offenbar zuzusteigen gedachte. Hier war plötzlich richtig was los.

Dann drehte uns der Riesenradchef endlich weiter, ein bis zwei Runden gemütlich, ich versuchte derweil die Jahrzehnte zu schätzen, die hier im Gestänge knarzten, aber es wirkte stabil. Um das wirklich zu beweisen, oder weil er auf dem Geschwindigkeitshebel eingeschlafen war, ging er plötzlich ans Limit. Immer schneller drehte sich das Riesenrad, unsere Gondel schaukelte heftig, ein Kind schrie »Hurra!«, das andere ängstigte sich fürchterlich, ich dazwischen. Offenbar ließ der Mann unten jetzt den ganzen Frust des Tages an uns ab, gnadenlos ließ er das Rad noch eine und noch eine Runde beschleunigt dahinrasen. Nach elenden Minuten der drehenden

Folter ein gnadenvoller Stopp, wir torkelten aus der Gondel und ich bedankte mich für »das Erlebnis«. »Ostdeutscher dreht am Rad«, so ungefähr stellte ich mir den Titel unserer Unglücksmeldung vor.

Wir gingen zum vorletzten Stand und kauften die obligatorischen Heliumballons. Die Kinder nahmen einen Delfin und einen Saurier, und ich stellte beruhigt fest, es hatte sich seit Jahrzehnten auch auf diesem Sektor nichts getan. Wie auch hier im Ort. So war der Sommer: total langweilig, aber immerhin kein nuklearer Winter. Den gab es in der Virtual Reality. Aber wer braucht die schon, im Rausch eines solchen Sommers?

DER PFAD DER VERLOCKUNG

Robert Rescue

Wir befinden uns im Jahr 2020 nach Christus, genauer gesagt am 1. Juli des Jahres. Die Regierung hat die Mehrwertsteuer auf 16 Prozent gesenkt und fordert damit das Land auf, die angeschlagene Wirtschaft durch mehr Konsum zu stützen.

Ganz Deutschland im Kaufrausch? Nein! Zwei Personen im Berliner Bezirk Wedding leisten Widerstand. Sie wollen zu IKEA fahren, aber nur Waren einkaufen, von deren Notwendigkeit sie überzeugt sind. Von den Lockungen der Kleinteileabteilung wollen sie sich fernhalten. Das ist nicht einfach, denn die Trutzburgen des schwedischen Möbelhändlers in Lichtenberg, Tempelhof und Spandau halten allerlei Dinge bereit, die fähig sind, gestandene Persönlichkeiten schwach werden zu lassen ...

Frank und ich haben ein Vorbild. William Boyd aus Nottingham schaffte es 2014, innerhalb von 18 Minuten seinen Einkauf bei IKEA zu absolvieren und nur die Sachen in den Wagen zu legen, die er sich zuvor, nach reiflicher Überlegung, auf einem Zettel notiert hatte. Ruhm erntete Boyd für diese unglaubliche Tat nur bei Leuten, die davon träumten, mal nicht mit fünf Kilogramm Teelichtern oder einem Berg aus Kling-Klong, Ping-Pang und Hup-Hap nach Hause zu kommen. Das schwedische Möbelhaus verhängte ein Hausverbot wegen »Fehlverhaltens«, und seine Frau verließ ihn, weil er ein Versager sei, der keine positiven Akzente in ihrem Haushalt setzen könne.

Frank und ich haben uns zum Ziel gesetzt, die 18 Minuten von Boyd zu unterbieten. Dass wir ausgerechnet am 1. Juli unseren Versuch wagen wollen, ist eine weitere Hürde. Über Nacht ist alles billiger geworden, der von mir gewünschte Bürostuhl beispielsweise um ganze fünf Euro.

Wir haben uns intensiv auf diesen Tag vorbereitet, haben uns mit Teelichtern, Tellern, Handtüchern und anderem objektiv auseinandergesetzt. Wir haben versucht, ein Desinteresse zu entwickeln, nicht hereinzufallen auf Form, Farbe oder einem plötzlichen erdachten Verwendungszweck, der uns vorher nie in den Sinn gekommen wäre. Wir haben die Gänge der Kleinteileabteilung zwischen Eingang und Möbellager/Selbstabholer nachgebaut und uns antrainiert, den Weg ohne jede Ablenkung links oder rechts hinter uns zu bringen. Es hat viel Zeit und Willenskraft gekostet, und es gab viele Fehlschläge, aber jedes Scheitern hat uns nur stärker gemacht.

Zuletzt haben wir auf diesem Internetportal »Buzzfeed« noch so ein Quiz gespielt, ob man es schafft, bei einem virtuellen IKEA-Einkauf weniger als 1300 Euro auszugeben. Ich gebe zu, wir haben die Aufgabe anfangs nicht ernst genommen.

Aber wir haben uns am Riemen gerissen und lagen schließlich bei jedem Durchgang bei unter 100 Euro.

Auf der Fahrt bin ich misstrauisch. Frank hat zugegeben, dass er diesen Service »Click & Collect« genutzt hat und seine Sachen nur noch abholen muss. Was genau er abholen muss, verrät er mir nicht. Ominös spricht er nur von einem »kleinen Beutel«, den er mitgenommen habe. Immerhin wird er den »Pfad der Verlockung« mit mir gemeinsam beschreiten. Wer weiß, ob aus dem »kleinen Beutel« am Ende nicht eine blaue FRAKTA-Tüte wird.

Hilfreich ist ein Zeitlimit. Also kein freier Samstag von morgens bis abends. Zu viel Zeit verhindert jeden strikten Einkauf von Notwendigem. Wir haben ein Carsharing-Auto gemietet für zwei Stunden. Ziel ist der IKEA in Tempelhof, die Hin- und Rückfahrt wird nach Kilometern abgerechnet und dazu die Standzeit auf dem Parkplatz. Jede Minute mehr bedeutet sinnlose Geldausgabe, die man für bessere Dinge einsparen könnte, zum Beispiel Bier, Zigaretten oder ein Sechsmonatsabo beim Online-Rollenspiel.

Wir betreten die Kleinteileabteilung und ich rufe die Stoppuhr auf. Die Zeit läuft. Ja, alles bunt, alles schön, alles neu. Vom ersten Schritt an ist die Verführung regelrecht greifbar. Kaffeetassen in meiner Lieblingsfarbe, eine neue Tasse wäre ja mal angebracht, NEIN. Ein IKEA-Mitarbeiter steht an der Ecke: »Heute die Teelichter im Angebot. Kosten nur die Hälfte, und es gibt das Doppelte. Dazu einen Wandschrank KNOXHULT und die 100-Stück-Packung Strohhalme FÖRNYANDE. Kostet nur die Hälfte, und es gibt das Doppelte. Greifen Sie zu!« Strohhalme, denke ich. Wäre ja irgendwie nicht schlecht. Ich weiß zwar nicht wozu, aber an sich wäre es praktisch, die im Haus zu haben. Ich bemerke nicht, wie ich auf den Mann zusteuere. Frank hält mich auf und zieht mich weiter. »Wir sollten die Abkürzung nehmen«, rät er. Die Abkürzung gibt es tatsächlich, aber sie ist gut versteckt zwischen den Kissen ULLKAKTUS und den Schüsseln KEJSERLIG. Kissen und Schüsseln, das sind echte Herausforderungen. An der Ecke davor stoßen wir auf Kaffeezubereiter. Espressokannen und French Press. Verdammt, die French Press – ich habe keinen Ersatz zu Hause, und wenn mir die eine kaputtgeht, dann bin ich erledigt. »Unsere Espressomaschine ist kaputtgegangen« sagt Frank. »So eine Kanne würde die schlimmste Not lindern.«

Wir bleiben stehen und begutachten das Angebot. Jede Absicht ist vergessen. Wir packen jeweils eine in den Einkaufswagen. Den Wagen habe ich nur geholt, um den Bürostuhl einfacher zur Kasse und schließlich zum Auto transportieren zu können. Ein fataler Trugschluss. Ohne Wagen wäre kein Platz für Krimskrams gewesen.

Wenig später die Hochregale. Merkwürdig, dass IKEA auf der Website angibt, wo genau sich das Möbelstück befindet, das man erwerben will. Ohne diese Angabe würden die Kunden rumirren und noch das eine oder andere Kleinteil einpacken. Irrtum meinerseits.

Die Verlockungen auf dem Weg zum anvisierten Platz sind ebenso groß wie beim Suchen. Ups, da ist es passiert. Ein schöner, hölzerner Monitorständer. Das wird meinen Arbeitsplatz effizienter gestalten. Ich kann gar nicht verstehen, wie ich bisher ohne Monitorständer arbeiten konnte. Manche legen Bücher unter ihre Monitore, aber das sieht doch scheiße aus. Außerdem sind Bücher nicht dafür da, um Monitore zu erhöhen. Wer das macht, hat doch die Kontrolle über sein Leben verloren. Höchste Zeit, dass ich das ändere.

Frank ist schon vorgegangen, um bei dem »Click & Collect«-Schalter die Sachen abzuholen. Das würde Zeit sparen, meinte er. Wahrscheinlich geht er von da aus mit einer FRAKTA-Tasche zum Auto und versteckt den unnützen Kram, den er und seine Frau im stundenlangen Konsumrausch auf der Website zusammengeklickt haben.

Ich stelle mich an die Kasse der Barzahler. Barzahler wie ich, die von diesem ganzen neumodischen Schnickschnack wie Kreditkarten nichts halten, sind zur diffamierten Minderheit geworden. Überall soll man kontaktlos bezahlen. Wer einen Schein hinhält, wird schief angeschaut und gilt als Virenschleuder wie diese Asiaten. Diese ganzen Kreditkarten-Heinis wissen doch gar nicht mehr, wie sich ein Schein anfühlt, der frisch aus der Druckerpresse der Bundesdruckerei kommt, oder welche Geschichten ein Schein zu erzählen hat, mit dem Karl der Große seine Currywurst am Imbiss in der Pfalz Würzburg während seiner großen Bayern-Tour 796 bezahlt hat. Pah. Und hier muss ich mich nun mit anderen Aufrechten an zwei Kassen stapeln, während die Kontaktlos-Schweine sieben Kassen für sich haben und da ganz fix abgefertigt werden.

Frank hat sich schon vor einer Weile im Hot-Dog-Bereich positioniert und stopft inzwischen den sechsten in sich hinein.

Als ich endlich bei ihm bin, zeigt er seinen kleinen Beutel vor und wiederholt, dass er »auch nicht viel besorgt« habe.

Wir erreichen den Wedding mit Verspätung. Das wird teuer. Frank parkt und hilft mir, den Bürostuhl, die French Press, den Monitorständer und noch ein paar unverzichtbare Kleinigkeiten, die ich an der Kasse entdeckt habe, nach oben zu tragen. »Ich parke den Wagen noch um«, sagt er mir und lächelt schief.

Ich schaue auf die Uhr. Mist, ich habe vergessen, nach dem Bezahlen die Stoppuhr zu drücken. Wir lagen gut im Rennen, aber die Warterei an der Kasse hat den Rekordversuch ohnehin zunichtegemacht. Dann werden wir es wohl noch mal versuchen müssen.

An einem Tag, an dem bei IKEA nichts los ist. Dann sollte es klappen mit dem Rekord. Schließlich fallen dann auch ein paar Besorgungen weg.

EINE AGAVE NAMENS OPA
Thilo Bock

Ganz Berlin ist im Agavenfieber. Nach den corona-bedingten Einschränkungen wartet die Stadt begierig auf ungewohnte Blütenpracht im Schlosspark Charlottenburg.

Bis eine *Agave americana* blüht, können schnell mal einhundert Jahre vergehen. Falls sie denn so lange durchhält. Geschieht dies aber, treibt die Pflanze für wenige Wochen einen riesigen, bis zu neun Meter hohen Blütenstand aus. Nun vermeldet die Stiftung Preußische Schlösser und Gärten Berlin-Brandenburg (SPSG) aufgeregt: Eine ihrer Agaven sei blühbereit.

Dabei sind gerade einmal zwei Jahre vergangen, dass – ebenfalls im Schlosspark Charlottenburg – an einer einzigen Agave 8.897 Blüten gezählt worden waren. Wer erinnert sich nicht an die hauptstädtische Agaven-Hysterie, von der Tageszeitung taz damals als »phallischer Stengelwahn« bespöttelt?

Berlins Boulevard jedoch überschlug sich vor Erregung. »So blüht bloß Berlin!«, jubelte die BZ, während Abendschau-Urgestein Ulli Zelle täglich live aus der Schlossgärtnerei Charlottenburg berichtete. Am 11. August 2018 war es dann endlich soweit: Die Bevölkerung durfte die Agave persönlich in Augenschein nehmen. Lange Schlangen bildeten sich am Parkeingang. Zappelige Kleinkindgruppen riefen unentwegt den neuen Botanikstars Berlins bei seinem Namen, der in einer Abstimmung vom Berliner Kurier und dem Radiosender rbb 88.8 ermittelt worden war: »Wir wollen Knute! Wir wollen Knute!«

Dass es nun schon wieder eine blühende Agave zu bestaunen gibt, ist für SPSG-Gartendirektor Michael Rohde »ein kleines Wunder, das uns in den schweren Zeiten mit viel Freude erfüllt«. Deswegen lässt sich die knospende Agave diesmal auch täglich im Charlottenburger Park bestaunen. »Wir wissen ja, was wir Berlins Pflanzenfreunden schuldig sind«, sagt Rohde.

Viele Berlinerinnen und Berliner hegen nahezu nostalgische Erinnerungen an ihre großen Pflanzen. Sei es die »Dicke Marie« genannte Eiche im Tegeler Forst, der Friedrichshagener Rhododendron »Klops«, die Spandauer Kratzdistel »Rieke«, der legendäre Farn »Fussel« im Prenzlauer Berg und eben auch die Charlottenburger Altagave »Keule«. So wie die Tiere im Zoologischen Garten werden seit jeher ebenfalls viele Pflanzen von den Menschen wie gute Bekannte behandelt.

»Die sah ja ooch irgendwie nach 'ner Keule aus«, sagt Orangerie-Gärtnerin Olivera Ocka vor der der Pflanze nachempfundenen Bronzeskulptur. »Wie eigentlich alle Agaven.« Ocka kümmert sich liebevoll und intensiv um das Wohl der Pflanze, die aus den heißen und trockenen Regionen Mittelamerikas stammt und in unseren klimatisch gemäßigten Breiten eher selten Blüten bildet.

Einen Namen hat die nun in den Charlottenburger Himmel emporschießende Agave noch nicht. Das wird sich gewiss bald ändern. Orangeristin Ocka ist das »im Grunde schnuppe«. Nur etwas weniger phallisch dürfte es nach ihrem Empfinden doch sein. »Warum nicht mal Aishe oder so?«

Kritischer ist sie gegenüber der sich anbahnenden Vermarktung der Pflanze. Im Schlossshop kann man bereits Plüschagaven und edle Phiolen mit Agavendicksaft erwerben. »Wahrscheinlich gab's noch 'n paar Kisten im Keller vom letzten Mal«, sagt Ocka schulterzuckend.

Rentner Rudi Muschke und seine Enkelin Alina sehen

das entspannter. Sie freuen sich einfach, regelmäßig in den Schlosspark zu kommen und die Blüte der Agave hautnah mitzuerleben. Fest umklammert hält Alina ihre Stoffpflanze. Der hat sie den Namen Rezo gegeben. Wie das reale Spargelgewächs vor ihr heißen soll, interessiert sie hingegen kaum. »Vielleicht Opa, so wie mein Opa?«, sagt sie schüchtern.

Pflanzenpsychologe Ernfried Blass sieht die mit dem Agavenhype auftretende Vermenschlichung kritisch, gerade in Gegenwart von Kindern. »So schön so eine Blütenpracht sein mag, danach ist schnell Sense beziehungsweise Kompost angesagt.«

Tatsächlich ist das seltene Aufblühen einer Agave mit ihrem anschließenden Absterben verbunden. »Das muss man einem Kind dann auch vermitteln können«, sagt Blass. »Und nicht nur dem.«

Einst führte das Eingehen der legendären Berliner Uragave Agathe, die im August 1838 den großen Orangeriesaal des Schlosses Charlottenburg mit 4.820 Einzelblüten füllte, zu dramatischen Szenen. »Ach, als dein Sklave, oh Agave / möcht ick so jerne mit dich sterben / tust du verblühend mir verderben«, dichtete damals Berlins großer Mundartpoet Adolf Glaßbrenner und spielte damit auf die mit dem Verblühen Agathes einhergehende erhöhte Selbstmordrate an.

Orangeristin Ocka findet das weniger dramatisch. »Nächstes Jahr blüht dann halt wat andret. Wir haben auch sehr schöne Tulpen im Beet. Und da muss man sich nicht mal den Hals verrenken.«

WER IST BILL GATES?
Volker Surmann

Was haben die ganzen Verschwörungstheoretiker eigentlich gegen Bill Gates? Wieso soll ausgerechnet er derjenige sein, der von der Pandemie profitiert wie kein anderer? Folgt man Ken Jebsen und Co., haben Bill und Melinda Gates persönlich dafür gesorgt, dass das Virus aus dem chinesischen Labor entweicht, um die Welt anschließend mit ihrem Impfstoff zu retten und der Weltherrschaft einen weiteren Schritt näher zu kommen. Wobei ich es ziemlich dumm fände bei einem so ausgeklügelten Bösewichtplan, das Virus *erst* freizusetzen und *anschließend* anzufangen, den Impfstoff zu entwickeln. Also, ich würd's umgekehrt machen, aber ich bin, zugegeben, auch Laie in Sachen Weltherrschaftsübernahme. Jedenfalls sind sie schweinereich, Bill und Melinda, da müssen sie doch etwas im Rothschilde führen; was Verschwörungstheoretiker sich unter ihren Aluhüten halt so ausdenken ...

Dabei hat Bill Gates' Nachbar am Lake Washington in Seattle, Jeff Bezos, sicherlich viel mehr Kohle mit Corona gemacht. Oder Paketdienste. Lieferando, Schutzmaskenhersteller! Banken, die dem Staat eine Billion Kredit geben; das machen die ja auch nicht aus karitativen Gründen: »Hier, Herr Scholz, nehm' Se mal, hatten wir noch rumliegen vom Herrn Bezos, der weiß grad eh nich, wohin damit, gell?«

Wüsste ich, wie man an der Börse spekuliert, hätte ich am 11. März mein Vermögen in Plexiglas angelegt. Acryl ist das neue Gold. Ich könnte heute meine Villa am Lake Washington beziehen, vorausgesetzt, ich dürfte in die USA einreisen. Aber wenn, könnte ich Bill Gates aus meiner Quarantäne mal zuwinken.

Einen Teil meines Vermögens hätte ich in Süßwaren angelegt. Umsatzplus von 20 Prozent im Lockdown, habe ich irgendwo gelesen. Klar, die Kleinen mussten ohne Kita ja ruhiggestellt werden. Das gefällt mir, ich bin mütterlicherseits Enkel eines ostfriesischen Bonbonkochers und komme aus einem Ort, der einen der größten Süßwarenhersteller Deutschlands beherbergt. Alle Vitamine meiner Kindheit habe ich mit »Nimm 2« aufgenommen.

Wenn ich es also geschickt angepackt hätte, könnte ich bei dieser Pandemie schon jetzt auf der Gewinnerseite stehen. Es wäre sogar schon das zweite Mal. Ich muss dazu etwas ausholen:

Es war einmal vor langer, langer Zeit im Teutoburger Wald. Am 20. August 1919 traten Friederike Wilhelmine Marie Surmann, geborene Wesselmann, und ihr Gatte Wilhelm Heinrich August Surmann aus Bielefeld-Vilsendorf in den heiligen Stand der Ehe. Mit diesem Tag endete die jahrhundertelange Geschichte des Hofes Dücker zu Ascheloh. Es begann die Geschichte des Hofes Surmann. Über Jahrhunderte zuvor war der Hof mit der Nummer 7 – so lautete auch bis in die Sechzigerjahre des letzten Jahrhunderts hinein die offizielle Postanschrift – in den Landkarten mit dem Namen »Dücker« verzeichnet. So fest waren die Besitzungen in Händen der Familien, dass man sich in offiziellen Landkarten gar nicht erst mit Hausnummern aufhielt, sondern gleich Familiennamen hineinschrieb.

Die Geschichte dieses Hofes ist eine Geschichte voller Viren. Das erste Virus traf am 5. Dezember 1902 den Bauern Heinrich Wilhelm Dücker. Er verstarb mit nur 45 Jahren an einer Polio-Infektion, und seine Frau Johanna Marie Elise verblieb allein auf dem Hof. Das Paar war bis dato kinderlos geblieben. Da es sich nicht schickte in dieser Zeit, als Frau allein einen Bauernhof zu führen (und, seien wir ehrlich, es auch einfach sehr, sehr viel Arbeit war), sei es ihr gegönnt, sich wiederzuverheiraten. So kam, nur drei Monate nach Ablauf des Trauerjahres am 12. Februar 1904, Herrmann Eduard Eickhoff auf den Hof Dücker, der nun in den Landkarten als »Hof Eickhoff« hätte verzeichnet werden müssen.

Eine der ersten Amtshandlungen des frisch Eingeheirateten war der Bau einer hochmodernen Scheune, die die Familie beinahe in den Ruin gestürzt hätte und viele am Bau beteiligte Handwerker ob unbezahlter Rechnungen noch jahrelang fluchen ließ – und noch heute meinen Vater ob der horrenden Feuerversicherungskosten. Womöglich hätte ein Flurkartenzeichner jener Tage Hof »Die mit der dicksten Scheune« geschrieben. Immerhin, nach »Scheune bauen« stand »Kind machen« auf der Bucket List der Eheleute Eickhoff. Allerdings war Johanna Marie Elise schon 44 Jahre alt. Ein Hoferbe wurde überraschenderweise nicht geboren, so holten sie ein junges Mädchen namens Helene Olga Winkelmann auf den Hof, geboren 1901 in Altenessen. Mein Vater berichtet von einer Adoption, die es gegeben haben soll, doch deren Spuren verlieren sich im Grau der Geschichte. Zumal nun das zweite Virus zuschlug.

A/H1N1 wanderte auf seinem Weg von den Schützengräben im Franzosenland in die Hauptstadt des Deutschen Reiches im Teutoburger Wald vorbei, kehrte auf dem Hof mit der Nummer 7 ein, und am 10. Oktober 1918 verstarb Eduard Eickhoff mit nur 47 Jahren an der Spanischen Grippe, knappe sechs Wochen später folgte die junge Helene Olga mit bloß 17 Jahren. Die Zukunft des Hofes war ausgelöscht. Die Spanische Grippe wütete sich durch die Bauernschaft, auf dem Hof nebenan raffte es binnen sechs Tagen drei Familienmitglieder zwischen 24 und 36 dahin. Allein Johanna Marie Elise Eickhoff, verwitwete Dücker, überlebte die Grippe, hatte den Kaffee auf und die Menopause hinter sich. Sie brauchte Hilfe und beschloss, eine ihre unverheirateten Nichten auf den Hof zu holen. Im Surmann'schen »Familienbla«* heißt es, es hätte ein regelrechtes Nichten-Casting gegeben, und Johannas Wahl sei bewusst auf das eher stille und fleißige Mädchen Marie Wesselmann gefallen, weil sie Ruhe auf den Hof bringen wollte. Ihr frisch verschiedener Gatte war wohl eher ein Unruhestifter, ein Großkotz mit dem Ego eines Scheunentores einer viel zu großen Scheune.

So zog meine Großmutter, Marie Wesselmann, auf den Hof Eickhoff, vormals Dücker, postalisch: Ascheloh Nummer 7. Etwas weniger als ein Jahr lang war der Hof nun in Hand zweier Frauen, unterstützt bloß von einem gut neunzigjährigen Heuerling, das Matriarchat zog ein, misstrauisch von der Nachbarschaft beäugt und neidisch von den Cousinen meiner Oma, die beim Nichten-Casting leer ausgegangen waren. Niemand weiß in unserer Familie, wie und wann die 22 Jahre junge Marie ihren Gatten kennenlernte.

Ich stelle mir vor, wie sie über Monate hinweg eine der begehrtesten Junggesellinnen der Region war, denn wer sie ehelichte, käme zugleich an einen großen Bauernhof mit geiler neuer Scheune! Die unverheirateten und nicht erbberechtigten Söhne müssen Schlange gestanden haben, doch in unserem Familienbla ist nichts überliefert über die erste Staffel der Castingshow »Frau sucht Bauer«. Dafür, dass die Herren Schlange standen, spricht, dass es am Ende ein knapp 30-jähriger Bauernsohn aus dem weit entlegenen, also knapp 14 Kilometer entfernten, Bielefeld-Vilsendorf war, der Herz und

---

* Der Kollege Bov Bjerg erfand den Begriff in seinem Roman »Serpentinen«.

Hof der teutonischen Bachelorette eroberte. Am 20. August des Jahres 1919, nicht mal ein Jahr nach dem Grippetod des Hoferben, ehelichte Marie Wesselmann ihren Gatten Wilhelm Surmann. Das zehnmonatige Matriarchat auf dem Hof war zu Ende, die Surmann-Dynastie begann. Marie Surmann gebar sechs Söhne, den jüngsten – und damit Hoferben – als überraschenden Nachzügler im schwangerschaftlich hoch gewagten Alter von 47 Jahren: meinen Vater. 1972 heiratete dieser die Tochter eines ostfriesischen Bonbonkochers, noch im selben Jahr wurde ich geboren.

Und wenn es nun eine Antwort auf die Frage gibt, wer von einer Pandemie profitiert, dann ist es diese: Ich.

Ich verdanke meine Existenz der Spanischen Grippe. In der Serie »Dark« könnte jemand zurückreisen ins Jahr 1918, den frisch an Grippe Erkrankten ein paar Tamiflu verabreichen, sie überlebten, und ich und alle Familien meiner Onkel wären nie geboren worden.

Ich habe meine Existenz der Spanischen Grippe zu verdanken. Ich bin Gewinner der Pandemie. Ich bin Bill Gates.

Oder nehmen wir Frederick Trump, geboren als Friedrich Trump im pfälzischen Kallstadt, 1885 mit 16 Jahren in die USA emigriert. Er befand sich 1918 gerade auf einem Spaziergang mit seinem Sohn Fred Jr. im New Yorker Stadtteil Queens, als er sich plötzlich unwohl fühlte und einen Tag später verstarb. Was, wenn die beiden sich gerade gestritten hatten und Frederick Senior seinen unverständigen Sohn gleich am nächsten Tag enterben wollte und nur die Grippe schneller war? Was, wenn Frederick Trump die Grippe überlebt und sich später verspekuliert hätte und die Familie in Armut gestorben wäre? Sicher ist nur eins: Die Geschichte kam, wie sie kam, und Donald Trump ist, wer er ist, weil Frederick Trump Senior am 30.

Mai 1918 an den Folgen der Spanischen Grippe starb. Donald Trump ist, wenn man so will, ein Pandemiegewinner.

Donald Trump ist Bill Gates. Ich bin Bill Gates. Ich bin Donald Tr... – Nein, das geht dann doch zu weit.

Aber so kommt es, dass immer, wenn ich die Corona-Leugner blöken höre, an eine Hochzeit im Jahre 1919 denken muss. Denn die lehrt: Unterschätze nie eine Pandemie.

SPANNT EURE MASKEN BIS ZUM ANSCHLAG, HIER SPRICHT EIN URLAUBSRÜCKKEHRER!

Heiko Werning

Wenn die Grundschulen nun endlich wieder im Regelbetrieb öffnen, wird sich auf den Pausenhöfen voraussichtlich das Update eines Laufspielklassikers großer Beliebtheit erfreuen. »Wer hat Angst vorm Urlauber?« – »Niemand!« – »Und wenn er zurückkommt?« – »Dann laufen wir!« Dann werden die vergnügten Kinderlein auseinanderstieben, mit keuchendem Atem Tröpfchen und Aerosole ausstoßen und sich dabei gegenseitig infizieren, bis ihre Omas und Opas im Krankenhaus alle an Covid-19 verreckt sind. Heißa, das wird ein Spaß!

Damit es soweit nicht kommt, hat der Lieblingsopa des schwarz-grünen Milieus rechtzeitig zum Ferienstart in Baden-Württemberg vor Urlaubsreisen ins Ausland gewarnt. Wohlgemerkt, er warnte nicht etwa vor Reisen in Risikogebiete – wobei sowohl nach aktuellen Infektionszahlen als auch nach historischer Empirie das größte Risikogebiet ja ohnehin stets dort ist, wo sich viele Deutsche aufhalten –, sondern Kretschmann rät generell von Reisen ins Ausland ab. Also dorthin, wo die ganzen Ausländer wohnen. Und eben die Viren. Deswegen steht Kretschmanns Verdikt fest. Urlaub im Ausland komme derzeit nicht in Frage: »Ich mache es einfach nicht, weil es zu kompliziert und auch nicht angemessen ist.« Der grüne Mümmelgreis ergänzt: »In solchen Zeiten kann man einfach im Land bleiben und muss nicht in der Welt herumreisen. Deutschland ist ein ausgesprochen schönes Land mit vielen unentdeckten Regionen.« Weshalb er im Bayerischen Wald zu wandern gedenke.

Sicherlich, Deutschland ist ein ausgesprochen schönes Land. Zumindest im Vergleich zu Venus, Mordor oder der Hölle wird dem jeder leichten Herzens zustimmen. Und auch beim Abwägen mit den Urlaubsvorzügen anderer Staaten wird man Deutschland einen Rang unter den ersten 194 Plätzen nur schwerlich absprechen können.

Aber von welchen unentdeckten Regionen spricht der Kretsch-Mann? Ich bin auf der Rückreise von Griechenland durch Franken gefahren, weil meine Schwiegereltern dort leben, in einem Dorf in der Nähe von Bad Windsheim in der Nähe von Ansbach in der Nähe von Rothenburg in der Nähe von Nürnberg, viel abgelegener also geht es nicht in diesem Land, und selbst in diesem Dorf gibt es einen schlammigen Tümpel, an dem ein Campingplatz liegt, auf dem Samstagnacht eine enthemmte Meute zu Ballermannklängen Stranddisco feierte, und von Mindestabständen wollen wir da gar nicht erst reden. Außerdem habe ich in diesem Corona-Sommer WhatsApp-Nachrichten, die Postkarten des noch jungen 21. Jahrhunderts, mit Urlaubsgrüßen aus den erstaunlichsten unentdeckten Regionen bekommen: Elbsandsteingebirge, Rhein-Ober-Unter-Mitteltal, Castrop-Rauxel oder Hotzenplotzhausen irgendwo im tiefsten Thüringen, Orte also, von denen man sich nach kurzer Ansicht der Bilder dringend wünscht, sie wären niemals entdeckt worden. Selbst da wird jetzt auf Teufel komm raus geurlaubt, weil Reisen ins Ausland »zu kompliziert« und einfach »nicht angemessen« sind.

Dabei reicht ein kurzer Blick auf die Nachrichtenlage, auf Meldungen von Schließungen der Nordsee-Urlaubsorte, auf Bilder von überfüllten Ostseestränden, auf Warnungen vor ausgebuchten Quartieren in den Alpen oder im Bayerischen Wald, wo sich die kretschmannkecken Wandersleut gegenseitig ans Gipfelkreuz drücken, um zu wissen, wer sich in den vergangenen Ferienwochen einem höheren Infektionsrisiko ausgesetzt hat als wir Auslandsreisenden, die wir praktisch allein über die menschenleere Akropolis schlenderten, den Herbergsvätern in verwaisten thessalischen Pensionen etwas Trost und Einnahmen zukommen ließen oder entspannt im Freien und mit reichlich Abstand zum nächsten besetzten Tisch in Strandrestaurants auf dem Peloponnes saßen. »An der Ostsee drängten sich die Massen, während an der Playa de Palma auf Mallorca gähnende Leere herrschte«, attestierte sogar die Bild-Zeitung. Und das bei Infektionszahlen in Deutschland, bei denen man in vielen anderen Ländern längst einen Komplett-Lockdown ausgerufen hätte.

Während Kretschmann Urlaub im Ausland zu kompliziert findet, muss man sich an Nord- und Ostsee von Strandticker-Ampeln zu den letzten freien Quadratmetern leiten lassen, auf die man sein Handtuch noch hinlegen darf, und wer in Berlin ins Freibad will, muss sich durch ein irres Vorverkaufs-Zeitfenster-System quälen, um die Zugangsberechtigung für zwei Stunden zu bekommen, aber keine Sorge, es sind ohnehin alle Termine ausgebucht.

Hinzu kommt der unangenehme Zungenschlag, der die ganze Debatte durchzieht und den auch Kretschmann bedient, dieses völkische »Kauf nur beim Deutschen«-Mäßige, das sich schon im Zug der Klimadiskussion unangenehm durch das Ökomilieu metastasiert hat.

Als wäre Reisen nicht eben auch immer dieses: Neugier auf andere Menschen, Lebensweisen, Landschaften. Überwinden von Grenzen. Als ich jung war, war das Verlassen des engen, miefigen Deutschlands und das Entdecken der Welt eine Offenbarung, während heute an allen Ecken gepredigt wird, am Gülletank bei Ilse und Willi auf dem Land sei es doch auch sehr schön.

Dabei habe ich überhaupt nichts dagegen, wenn Leute Deutschland »entdecken« wollen. Für Wattwurmforscher ist dieses Land sicherlich ein Paradies. Auch wer sich für großflächig zerstörte Stadtgebiete interessiert, der muss wirklich nicht nach Beirut fahren, der findet auch im Ruhrgebiet ein lohnenswertes Ziel. Und Freunde frittierter Schnitzel mit Dosenchampignons werden in Deutschland ihr Schlaraffenland erleben.

Reisen bildet, und es ist gut für den Charakter, mal das Land zu verlassen, sonst wird man nämlich so wie Kretschmanns Innenminister Thomas Strobl von der CDU, der zu Protokoll gibt: »Am besten genießt man derzeit seine freien Tage im eigenen Land. Ich verbringe den Familienurlaub seit vielen Jahren in Deutschland.« Und das sollte ja wohl abschreckendes Beispiel genug sein.

Womit wir beim wichtigsten Aspekt wären. Um es in diesem Land mit seinen Kretschmanns und Strobls und Querdenker-Maskengegnern und Bild-Zeitungs-Redakteuren und AfD-Rassisten und all den anderen Irren auszuhalten, muss man es gelegentlich für einige Zeit verlassen, sonst dreht man durch oder wird so doof wie Attila Hildmann. Natürlich, im Ausland gibt es auch Bekloppte, aber dort gehen sie mich nicht so viel an. Vor allem aber hat das Ausland einen unschätzbaren Vorteil: Man spricht dort im Wesentlichen Ausländisch, das Gebrabbel der Deppen am Nebentisch in der Kneipe kann man gar nicht verstehen, und was die griechischen Kretschmänner so verlautbaren, werde ich dankenswerterweise niemals erfahren müssen.

Nur in einem Punkt stimme ich Kretschmann und Strobl dann aber doch ausdrücklich zu. Sie legen uns allen noch einmal ans Herz, die Abstandsregeln zu befolgen. Mir erscheinen mindestens 2.000 Kilometer zu den beiden als angemessen.

ZWEITE WELLE

OKTOBER UND NOVEMBER 2020

EIN VOLLHOLZPFOSTEN VOM TEAM DROSTEN BLÖKT ZURÜCK

Thilo Bock

Ich bin das Schlafschaf. Ja, ich mache mäh!
Und unter meinem Mundschutznasenschoner,
da streck ich meine Zunge raus – so bäh!
Voll Richtung Parallelweltenbewohner!

Die nennen Maulkorb, das, was im Gesicht
ich trage, sie zu schützen, vor den Viren,
doch sagen sie: »Wir sehen die ja nicht,
weshalb für uns Viren nicht existieren!«

Sobald ich höflich sie um Abstand bitte,
beschimpfen sie mich stumpf als »dummes Schaf«.
Sie husten sprühend ganz nach Rüpelsitte
und lachen dreckig, falls ihr Rotz mich traf.

Ich weiß, sie hätten gern gesagt, sie kränkt
mein Anblick, aber leider ist es ja
verboten hier zu sagen, was man denkt.
Das muss man doch mal sagen dürfen, wa?

Dagegen ich – ich denke nichts, ich lasse
das andre tun im Sinn der AntiFa.
Die zahlen gut aus ihrer Demokasse,
dank unsrer BRD GmbH.

Ich bin so schlafschafdumm, ich weiß es selber.
Dank Schulscheinwissen, das sich Bildung schimpft,
sind wir nur staatlich hirngewasch'ne Kälber
und von Big Pharma stumm und blind geimpft.

Ich glaube nicht mehr, was ich sehe, nein,
nur an die Merkeldiktatorenniete.
Die ist 'ne Marionette (muss so sein!)
und hängt an Drähten der Finanzelite.

Denn Zions Echsenwesen funken längst
frequenzenlos auf den 5G-Funkwellen.
Auch wenn du denkst, dass du noch selber denkst,
denken für dich Systemmediengesellen.

Ja, ja, ich weiß, ich bin das Schlafschaf, mäh!
Ein Maulkorbträger, der sich selbst verliert.
Mein Hirn ist inwendig mit dem Porträt
von Doktor Christian Drosten tapeziert.

Das reden mir die ein, die ständig mahnen,
ich soll nicht glauben, was man mir erzählt,
es sei denn, es kommt gleich von Scharlatanen
die einfach da sind und die keiner wählt?

All diese Aluhüte, Wichtigtuer,
Quacksalber und Reichskriegsflaggenschwenker,
die Meute der Realitätsausbuher –
die hält sich allen Ernstes für Querdenker?

Nee! Das sind die Schlafschafe, die in Massen
als Herdentiere dieser Pandemie
traumwandelerisch sich stumpf bequatschen lassen
und schlucken Meinungen wie Globuli.

Ach, diese Parallelweltenbewohner
verdienen nicht die Aufregung, näh näh!
Auch ohne einen Mundschutznasenschoner
streck denen ich die Zunge raus. Pfui bäh!

JENS MACHT ALLES RICHTIG
Frank Sorge

Ich dachte ja, ich wäre gut vorbereitet auf einen Lockdown, nach der Zoom-Konferenz mit Jens bin ich aber leicht verunsichert. Zusätzlich zu der großen Verunsicherung, die sowieso schon da ist.

»Und wie geht's bei dir, Jens? Irgendwelche Vorbereitungen getroffen?»

»Prima, ja klar, ich bin schon im Lockdown.«

»Ach, wirklich, musst du nichts einkaufen?«

»Nö, da hatte ich ja jetzt monatelang Zeit für. Die Netto-Filiale nebenan könnte ich jedenfalls eine Weile beliefern.«

»Ach, stimmt, du wohnst ja jetzt in einem Haus.«

»Ja, das haben wir gleich im April noch gemacht, das Haus zu suchen. Da war ja auch Zeit.«

»Sehr vorausschauend. Aber einkaufen geht ja sowieso.«

»Noch, Frank, noch. Irgendwie reingehen ins Getümmel und leere Hefe-Päckchen-Regale auspähen, das brauche ich nicht noch mal. Unsere Hefe ist aus dem Sommer, die vermehrt sich prima.«

»Stimmt, habe ich noch nicht dran gedacht, dass das geht. Aber jetzt ist zu spät, ich kriege bestimmt unten keine mehr.«

»Ich würde dir welche schicken, aber wir gehen tatsächlich jetzt nicht mehr raus, also nächstes Jahr vielleicht. Zur Not kommst du mal rum, und wir werfen welche raus aus dem ersten Stock.«

»Das ist nett, Jens, aber irgendwo werden wir schon noch

welche finden. Beim Bäcker unten ist die ja praktischerweise in den Brötchen schon drin.«

»Kauf noch Hefeweizen, die kannst du dir auch aus dem Flaschenboden holen.«

»Gute Idee.«

»Wir haben ein paar Kisten im Keller, aber die kann ich schlecht aus dem Fenster werfen.«

»Was ist denn mit eurer Eingangstür?«

»Verbarrikadiert. Die Nachbarn wissen ja, was wir so weggeschleppt haben in den letzten Monaten. Wenn die anfangen zu plündern, wissen die sofort, wo sie loslegen sollten.«

»Aber plündern, Jens, das ist doch wirklich etwas zu weit gedacht, oder?«

»Bei euch in der Stadt vielleicht, wo die Müllerstraße voll mit Geschäften ist, aber hier ist Schönwalde-Glien, und der Netto ist jetzt schon leer.«

»Woher weißt du das, wenn du schon nicht mehr rausgehst?«

»Ferngläser, Webcams. Als wir im Sommer ins Haus sind, war das alles so zugewachsen, man sah quasi nichts von der Umgebung. Aber jetzt haben wir alles auf dem Fernseher, Full HD.«

»Deine Straße?«

»Ja, auch mit Nachtsicht. Netflix haben wir noch gar nicht angefangen, wir können auch die Füchse zählen, die hier nachts vorbeikommen.«

»Das kann ich in der Seestraße hier aber nicht machen. Einerseits beschweren sich die Nachbarn, dass ich in ihre Wohnzimmer filme, und auf der Straße – was ist denn, wenn ich da eine Straftat beobachte?«

»Ja, das kommt hier nicht vor. Wir haben auch ein kleines Schild aufgestellt, da steht ›Kameraüberwachung‹ drauf.«

»Ich hab gehört, das reicht meistens schon. Bei uns ist auch so ein Schild. Aber lasst ihr euch denn nicht mehr liefern? Ich meine wegen der Haustür?«

»Das kann man doch bestimmen, wo die Boten das auf dem Grundstück ablegen. Fand ich schon damals praktisch, diese Option, nur dass wir halt kein Grundstück hatten.«

»Und macht ihr beide Homeoffice dann, Ilka auch?«

»Wir haben uns vorsorglich gleich zwei richtige, kleine Büros eingerichtet, Platz ist ja. Manchmal treffen wir uns auf dem Gang und sagen: Guten Tag, Frau Kollegin.«

»Klingt zauberhaft, und wer ist der Chef?«

»Mal sie, mal ich, oder ich bin die Sekretärin.«

»Aber da klebt ihr auch mal die Webcams ab, oder? Ich kann mir vorstellen, wo so ein Rollenspiel endet.«

»Was du schon wieder denkst.«

»Na ja, wenn ihr in jeder Hinsicht gut vorbereitet seid ...«

»Für unsere Unterhaltung ist gesorgt, wie gesagt, Seriengucken haben wir nicht mal angefangen bisher. Zu viel zu tun.«

»Macht ihr nicht Kurzarbeit?«

»Ja, aber das Gemüse.«

»Das Gemüse?«

»Der Vorbesitzer hat hier Hanf angebaut, wir konnten die Zelte günstig übernehmen und haben jetzt Salat, Tomaten und all das vom Dachboden. Ich muss auch häufiger das Bier im Keller kontrollieren, da kann auch viel schiefgehen.«

»Und hat der Vorbesitzer auch Hanf dagelassen?«

»Was glaubst du, in welchen Ecken wir immer noch was gefunden haben! Aber rauchen ist nichts für uns, wir machen Papier aus den Fasern. Na ja, und so eine Räucherschale mal, für die Sauna.«

»Boah, Jens, ich muss ehrlich sagen, ihr macht alles richtig.«

»Siehst du, das dachte ich auch. ›Ilka‹, hab ich gesagt, ›die zweite Welle wird unsere.‹«

»Das ist sie, Jens, das ist sie. Ich muss mal Schluss machen, muss noch einkaufen. Klopapier ist alle.«

»Wenn es ganz schlimm wird, werfe ich dir was raus, die nächste Ernte ist in zwei Wochen.«

»Das wäre toll, ich melde mich. Klopapier dann auch, okay?«

FEUERSTÄTTENSCHAU
Robert Rescue

»Feuerstättenschau« ist ein interessantes, deutsches Wort. Feuerstätten, das klingt wie Lagerfeuer in den Höhlen der Neandertaler oder die herrschaftlichen Kaminfeuer in den Burgen des Mittelalters. »Schau« hat was Weihevolles, eine Begutachtung, eine Beschauung, ein Zusammentreffen von Experten, die etwas gemeinsam betrachten. Es wundert mich nicht, dass Schornsteinfeger dieses Wort verwenden, um ihr Erscheinen anzukündigen. Vermutlich wird es von ihnen bereits seit den herrschaftlichen Kaminfeuern in den Burgen des Mittelalters benutzt, und ich möchte auch nicht ausschließen, dass bereits ein Schornsteinfeger die Höhlen der Neandertaler betreten hat. Wundern tut mich allerdings, dass die Ankündigung in unserem Hausflur hängt. Wobei es sich um ein wiederholendes Wundern handelt. Und zwar jedes Jahr, wie ich glaube. Es gibt zwar noch Öfen im Haus, zum Beispiel in meiner Wohnung, aber sie werden schon seit Jahren, vielleicht Jahrzehnten nicht mehr befeuert.

Vermutlich ist die Feuerstättenschau irgendwas Althergebrachtes, an dem die Schornsteinfegerzunft eisern festhält, um für die Zukunft noch ein Auskommen zu haben. Wie jedes Jahr beschließe ich, den Termin zu ignorieren, denn ich fühle mich nicht angesprochen.

Zwei Wochen später. Ich verlasse die Wohnung und finde an der Tür einen der rot-weißen Benachrichtigungszettel vom

Schornsteinfeger vor. Früher gab es das nicht. Da verstrich der Tag, die unbeachteten Zettel wurden abgenommen und für ein weiteres Jahr war Ruhe. Dieser Schornsteinfeger aber VERLANGT die Feuerstättenschau. Auf dem Zettel steht im Datumsfeld ein neuer Termin und dahinter in Großbuchstaben »2. Termin« und dahinter stehen exakt sieben Ausrufezeichen. Puh, da ist ja jemand hartnäckig.

Nun habe ich zwei Möglichkeiten: Entweder den zweiten Termin verstreichen lassen oder ihn wahrnehmen. Es sind die sieben Ausrufezeichen, die mich in Stress versetzen. Wenn ich den Schornsteinfeger weiterhin ignoriere, verhalte ich mich scheiße. Ich bringe seinem Beruf und seiner jahrhundertealten Tradition keinen Respekt entgegen. Also rufe ich den Kalender auf und trage den Termin ein.

Zwei junge Männer stehen vor der Tür. Sie haben Rußflecken im Gesicht. Vielleicht haben sie sich im Hof noch geschminkt, um authentisch zu wirken. Als sie mich sehen, ruft der eine: »Oh, wir haben gar keine Masken mit. Dürfen wir trotzdem rein?«

Was soll ich jetzt tun? Ihnen den Zutritt verweigern und sie wieder wegschicken? Gelten die Corona-Regeln für einen solchen Fall überhaupt? Machen sie einen neuen Termin oder müssen sie nur runter zum Auto? Respekt zeigen, denke ich mir und halte ihnen die Tür auf.

Dass einer der beiden beim Rundgang die schlauchförmige Toilette betritt, liegt wohl daran, dass sie mir nicht trauen. Ich habe ihnen gesagt, dass es einen Ofen im Arbeits- und einen im Wohnzimmer gibt. Vielleicht glauben sie, dass ich nicht weiß, was ein Ofen ist? Oder sie denken, ich hätte einen im Klo versteckt oder wüsste nichts von dem. Erleben sie das öfter, dass sie verdutzten Mietern erklären müssen, dass der komische Kasten, auf den sich der Bewohner keinen Reim machen konnte, in Wahrheit ein Ofen ist?

Die Feuerstättenschau besteht aus nichts anderem als einem Blick auf das Abflussrohr ... äh, das Abrauchrohr, das Rauchabgleitrohr ... ach, verdammt, das ROHR und ob es dicht ist. Und sie fragen mehrmals, ob ich die Öfen noch benutze. Ich könnte auf die Heizkörper zeigen, aber stattdessen antworte ich getreulich, dass ich das nicht tue. Ich bin doch nicht verrückt. In meinen jungen, wilden Jahren in Friedrichshain habe ich mit Kohleöfen zu tun gehabt und habe zwei Kohlenmonoxidvergiftungen durch verstopfte Öfen überlebt. Tagelange Kopfschmerzen und eine vergaste Wohnung, die auch nach einer Woche Dauerlüften im Winter noch deutlich nach dem Desaster roch, nein, das muss ich nicht noch mal haben.

Bei dem einen Ofen bemängeln sie, dass das Rohr schon etwas angerostet sei. Was erwarten die? Dass ich das poliere oder sowas? Was passiert, wenn das Rohr durchrostet? Fliegt dann das ganze Haus in die Luft? Bislang kam mir die Feuerstättenschau wie eine »Wir schauen nur mal, aber eigentlich ist alles in Ordnung«-Inspektion vor, aber jetzt keimt in mir die Vorstellung, dass die beiden gefliesten Öfen, auf denen ich Krimskrams abgestellt habe, in Wirklichkeit tickende Zeitbomben sind.

Der eine Schornsteinfeger kramt einen handgeschriebenen Zettel heraus und vermerkt, dass er die Feuerstättenschau abgenommen hat. »Es gibt noch ein paar Leute, die wir nicht angetroffen haben«, teilt er mir mit. »Aber wir bleiben am Ball.«

Ich bin sicher, dafür werden sie Monate, wenn nicht gar Jahre brauchen. So wie ich einige Nachbarn einschätze, werden die sich auch nach dem 27. Terminaushang mit 349 Ausrufezeichen nicht um die Feuerstättenschau scheren.

Ich berichte vom Nachbarn im Erdgeschoss, dessen Benachrichtigungszettel mit dem 2. Termin ich zerrissen im Treppenhaus gefunden habe. Ein trauriger Anblick. Zu sehen, wie dem Schornsteinfeger die lange Nase gezeigt wurde, und wie er darauf reagiert hat. Im Gespräch stellt sich nun heraus, dass es sich um einen Irrtum handelt. Die Wohnung im Erdgeschoss ist zusammengelegt worden, ein Teil ist auch vom Seitenflügel aus erreichbar. Sie aber dachten, es handele sich um eine separate Wohnung.

Der Schornsteinfeger macht ein Häkchen, und ich denke mir: Was für ein erfolgreicher Tag für die beiden, dass sie zwei Feuerstättenschauen erledigt haben.

»Wir kommen übrigens alle drei Jahre«, sagt der eine beim Rausgehen zu mir, als ich sie salopp mit einem »Bis nächstes Jahr« verabschiede. Wirklich alle drei Jahre?, denke ich mir. Meine Güte, wie die Zeit vergeht. Ich hätte Stein und Bein geschworen, dass sie jährlich mit ihrer Feuerstättenschau um die Ecke kommen.

WO SCHLECHTE LAUNE ZUM GUTEN TON GEHÖRT
Thilo Bock

»Ey, Alter! Haste mal 'ne Mark?« Der Mann mit dem schief liegenden, vergilbten Iro direkt am Eingang sagt an, wohin die Reise gehen wird: tief hinein in selige Zeiten, als die obligatorische Mark erfragende Punker noch zur Folklore einer Stadt gehörten, die es so nicht mehr gibt.

30 Jahre nachdem die Frontstadt der sogenannten freien Welt aufgegangen ist in die Hauptstadt Deutschlands, eröffnet jetzt auf einer ehemaligen Reinickendorfer Industriebrache das Museumsdorf West-Berlin, nach dem mittelalterlichen Erlebnisort Düppel bereits die zweite Anlage dieser Art, die dem Stadtmuseum Berlin unterstellt ist.

Die promovierte Archäologin Sandra Kunow ist Leiterin der neuen Freiluftausstellung. Stolz führt sie über das Gelände. Vorbei an grauen Hausfassaden, in deren Schaufenstern es trüb leuchtet, gelangen wir zum zentralen Platz, wo rund um eine ausgebrannte Kirchenruine von Studierenden und Rentner*innen das damalige Leben nachgeahmt wird.

»Gleich steppt hier der Bär!«, warnt uns Kunow unnötig vor, denn es ist lediglich eine zuckende Felltierfigur, die ein mäßig begabter Marionettenspieler von einer umgedrehten gelben Engelhardt-Bierkiste aus lenkt. Leiernd liefert sein Kassettenrekorder den Soundtrack dazu: »Ich hab so Heimweh nach dem Kurfürstendamm«. Der Begeisterung tut das null Abbruch. Um den Puppenführer herum klumpt sich eine Gruppe johlender Schaulustiger zusammen.

»Heute ist das schwer vorstellbar«, sagt Kunow. »Früher sind alle West-Berliner am Wochenende über den Ku'damm flaniert, dabei waren abends nicht mal die Läden offen.« Sie erinnert an den legendären »langen Samstag«. Einmal im Monat durfte man bis 18 Uhr shoppen, blieb aber die halbe Nacht, »gerne mal bis zehn«, auf dem Boulevard. »Unglaublich! Da gab's nicht mal richtige Cafés, also genauso wie heute, und trotzdem sind die Leute alle hin«, erzählt die Museumsleiterin. »Einzige Ausnahme war das Kranzler, und das war den meisten entweder zu spießig oder zu teuer.« Während dort vornehmlich Wilmersdorfer Naziwitwen mit Dutt und Hut Cremeschnitten verschlangen und die Vorbeischlendernden mit abfälligem Kopfschütteln bedachten, ließen diese sich lieber von jugoslawischen Hütchenspielern abzocken und schleckten überteuertes Speiseeis aus Pappeimern, das trotzdem als das beste der Welt galt.

Auch heute suchen Besucher*innen des Museumsdorfs das vermeintlich schnelle Glück an der Straßenecke. Der 55-jährige Zoran Gajur ist nach eigenen Angaben »ungeschlagener King vonne Ku'damm«. Die 80er-Jahre waren für den pensionierten Trickbetrüger goldene Zeiten. Sein blitzendes Gebiss zeugt davon. Heute sorgt er dafür, die Kasse des Fördervereins Museumsdorf West-Berlin beträchtlich aufzufüllen. Ehrenamtlich, versteht sich. Er zwinkert uns lustig zu.

»Es war nicht schwer, Interessierte zu finden, die in ihrer Freizeit das Leben von damals möglichst authentisch imitieren«, sagt Direktorin Kunow. »Es gibt sie ja durchaus, die unverbesserlichen West-Berliner, die sich nie mit dem Untergang ihrer Insellage abgefunden haben. Manche von ihnen sind erst nach 1989 geboren. Denen steckt die Frontstadt in den Genen.«

Sandra Kunow schmunzelt. Sie selbst ist in den 80ern in Lichtenrade aufgewachsen. »Natürlich habe ich heimatliche Gefühle, auch positive. Die meisten denken halt gerne zurück an den Ort ihrer Herkunft, doch so wie die damals aus der westdeutschen Provinz Zugezogenen, käme ich nie auf die Idee, dieses spießige Früher zurückhaben zu wollen. Ein erinnertes West-Berlin reicht mir voll und ganz.«

Dass sie nun daran beteiligt ist, es wieder aufleben zu lassen, ist für Kunow kein Widerspruch. Vielmehr sähen auch die Nostalgiker, dass nicht alles glänzt, was im Gedächtnis so golden wirke. So lockt das Museumsdorf mit allerlei Skurrilitäten aus der Mottenkiste des Vergangenen und Vergessenen. Alle zwei Stunden fährt ein weißer Rolls-Royce ums Karree. An seinem Steuer der originale Rolf Eden, liebevoll ausgestopft vom Naturkundemuseum.

Skeptikern wird an jeder Ecke ein »Wat kiekste?« hinterhergeraunzt. Wer West-Berlin nicht für den großartigsten Ort der Welt hielt, war einfach nur zu viel in derselben herumgekommen, was echten Berlinern bis heute nicht passieren wird.

Auch eine Wiederbegegnung mit der sprichwörtlich schlechten Berliner Laune ist garantiert. Vor allem an der Currywurstbude bekommt keiner seine darmlose Wurst ohne eine kesse Bemerkung durch die vom ranzigen Fritteusenduft durchzogene Luft gereicht. Einziges veganes Gericht sind im übrigen die labbrigen Pommes, die zum Ausgleich im selben Fett wie die Buletten baden. In West-Berlin mussten eben die Ressourcen geschont werden.

Familie Schmitz aus Lüneburg ist dennoch begeistert, zumindest die Eltern. Kerstin und Ulf haben West-Berlin während wilder Klassenfahrten kennengelernt. Freudig genießen sie heute quietschbunte Berliner Weiße, die ihnen nach langem Warten stilecht in pokalförmigen Schalen serviert wird. »West-Berlin war für uns die weite Welt, auch wenn wir uns das damals irgendwie spektakulärer vorgestellt haben.« Ihre Teenagersöhne Kevin und Paul gucken nur kurz von ihren Smartphones auf. Ihnen fehlt hier eindeutig das Action-Angebot eines Heidepark Soltau.

Derartiges ist zumindest in Planung. »Eigentlich geht West-Berlin nicht ohne Kreuzberg«, sagt Direktorin Kunow. »Also noch mehr schräge Typen und vor allem Demos, die mit grober Gewalt aufgelöst werden.« Bereits im nächsten Jahr solle es einmal die Woche Straßenschlachten geben, an denen sich die Besucher beteiligen könnten. »Das Verkehrsmuseum hat uns dafür einen original Wasserwerfer versprochen, der erstmals bei der Schlacht am Tegeler Weg zum Einsatz gekommen ist.«

Auch sollen regelmäßig Seifenkistenrennen stattfinden und Platzkonzerte wie damals zu Pfingsten im Zoologischen Garten mit viel Tschingderassabumm. Denn – so lautete lange Zeit der Slogan des Stadtmarketings – »Berlin ist immer eine Reise wert«. Nur die Abfahrt kann sich verzögern.

So bilden sich am Ausgang des Museumsdorfs lange Schlangen. Vor allem, wer mit dem eigenen Auto anreist, sollte erhebliche Wartezeit und Rückstau einkalkulieren. »Zu West-Berlin gehörte eben immer auch die DDR«, sagt Kunow. »In der Stadt hat man bloß in Randlagen überhaupt Notiz genommen von der Mauer. Wer aber doch mal woanders hin wollte, musste ja über einen der Grenzübergänge.«

Und so kontrollieren authentisch misstrauische Uniformierte die Papiere der Reisenden. Wer seinen Personalausweis vergessen hat, muss sich einen behelfsmäßigen ausstellen lassen, gegen harte Devisen. Nur echt mit dem Schwarz-Weiß-Foto.

Innerhalb der Anlage hingegen kann es einem passieren, auf eine alliierte Militärstreife zu treffen. »Wer in West-Berlin ohne Perso angetroffen wurde, hätte theoretisch sofort standrechtlich erschossen werden können«, erklärt Sandra Kunow. »Das ist nach meinem Wissen jedoch äußerst selten praktiziert worden.« Heute komme man mit einer großzügigen Spende an den Förderverein davon. Man sollte daher nicht alles beim Hütchenspieler verzocken.

SCHÖNE GRÜSSE AUS DEM RISIKOGEBIET

Heiko Werning

Berlinkritik ist dem Berliner edelstes Privileg wie fortwährende Verpflichtung. Den ganzen Tag lang ramentert er in einem fort über die Unfähigkeit der Regierung, die dysfunktionalen Behörden, die Bus-, Rad- und Autofahrer, über die Loser in der U-Bahn sowieso, von den Fußgängern ganz zu schweigen, kurz: über die Zumutung Mitberliner. Und über das beschissene Wetter im langen Berliner Winter natürlich.

Und es stimmt ja: Es ist in dieser Stadt nicht zu schaffen, sich nach einem Umzug in der gesetzlich vorgeschriebenen Frist beim Einwohnermeldeamt anzumelden, was aber völlig egal ist, weil es durch jahrzehntelanges Totalversagen der Stadtentwicklungspolitik sowieso ausgeschlossen ist, eine neue Wohnung zu finden. Es ist unmöglich, irgendwo ein leckeres oder auch nur nicht gesundheitsgefährdendes Brötchen zu erstehen, aber wenn man es ordnungsgemäß »Brötchen« nennt, wird man garantiert von irgendeinem durch sinnlosen Lokalstolz getriggerten Grobian angefahren, dass das verdammt noch mal »Schrippe« heiße. Und das Wetter im langen Berliner Winter ist beschissen.

Aber Achtung: Von irgendwelchen Bayern müssen wir uns deshalb noch lange nichts sagen lassen! Der Stammesvorsitzende des dortigen Bergvolks, Markus Söder, hatte aus seinem Seuchenherd München heraus angesichts der Einstufung unseres Bezirks Berlin-Mitte, zu dem der Wedding gehört, als Risikogebiet durch das Robert-Koch-Institut allen Ernstes davor gewarnt, Berlin befinde sich »am Rande der Nicht-mehr-Kontrollierbarkeit«, obwohl die Sieben-Tage-Inzidenz in praktisch jedem bayerischen Kuhstall seit Monaten deutlich über der von Berlin lag.

Und nun musste ich in der Zeitung auch noch bestürzt von der Existenz eines Mannes namens Blume erfahren, der wohl Generalsekretär der CSU sein soll, und sagte: »Die Unfähigkeit des Berliner Senats wird zu einem Risiko für ganz Deutschland.« Das sagte der Vertreter einer Regierungspartei, die noch am 15. März des Seuchenjahres mit der Kommunalwahl die größte Corona-Party des Landes ausgerichtet hatte, bei der die Leute in langen Schlangen ohne jeden Schutz in den Wahllokalen das Virus wie beim Staffellauf weiterreichten – nur um dann am 16. März den Katastrophenfall und einen Lockdown für Bayern auszurufen. Während Blumes Regierung später dann mal eben so zehntausende Corona-Tests verschlampt hatte und zeitgenau zum Ende der Berliner Sommerferien hunderte positiv Infizierte, die im guten Glauben, ja wohl informiert zu werden, wenn sie Covid haben, das Virus in der Hauptstadt verbreiten ließ. Wo laut Blume zudem »vor allem unter jüngeren Menschen die Unvernunft grassiert.« Wegen der Party People nachts in den Parks? Aber wisst ihr was, ihr Gamsbartlappen? Das sind im Wesentlichen sowieso nur irgendwelche Schwaben und andere Bayern, die die Langeweile in ihren Heimatkäffern nicht mehr aushalten und dann hierher kommen, um mal was anderes als die nächste Kirchweih oder den Almabtrieb zu erleben!

So hätte ich endlos weiterschimpfen können, aber jetzt musste ich erst mal meine Alkoholvorräte auffüllen, weil hier ab kommender Nacht die Bürgersteige hochgeklappt werden sollten. Wegen der Bayern. Und, natürlich auch, zugegeben, wegen der Unfähigkeit des Berliner Senats. Aber ich lebe ja auch hier, ich darf das sagen!

WAS 2020 NOCH ALLES SCHIEFGEHEN KÖNNTE
Frank Sorge

Der Asteroid

Einen Tag vor der Präsidentenwahl in den USA erreicht ein Asteroid die Erde. Kein sehr großer, aber er könnte uns treffen. Würde er damit die Präsidentenwahl verhindern, kommt man natürlich ins Grübeln, ob man ihn anfeuern soll, auch richtig Kurs zu halten. Wenn aber Trump ohnehin chancenlos ist, wie es gerade aussieht, soll der Asteroid mal schön weiter fliegen. An Vorabenden großer Geschehnisse gibt es ja gerne mal leuchtende Erscheinungen am Himmel. Wenn es, wie beim letzten Mal, dann wieder zweitausend Jahre doch nicht zu der Apokalypse kommt, die alle befürchtet haben, wäre das schon in Ordnung. Der Gesteinsbrocken ist nur etwa 1 mal 2 Meter groß und leichter als eins meiner Kinder. Wenn es das Schicksal gut mit uns meint, landet das Teil direkt vor dem Weißen Haus, damit der Typ darin endlich abhaut. »Sonst hol ich meinen Bruder«, müsste der Asteroid noch sagen, aber vielleicht versteht man es auch so, wenn das qualmende Teil da im Rasen steckt, dass hier jetzt mal Schluss mit unlustig ist.

Die Särge

In Ägypten wurden knapp 60 nahezu unversehrte Särge aus der Zeit der Pharaonen gefunden und geborgen. »Es ist kaum zu beschreiben, welche Gefühle dies auslöst, wenn der Sarkophag zum ersten Mal nach 2.600 Jahren wieder geöffnet wird«, sagt der Antikenminister. »Die Mumie sah aus, als wäre sie erst gestern mumifiziert worden.«

Groß war auch damals die Begeisterung, als man Tutenchamuns Grabkammer öffnete. Und mysteriös, wer womöglich durch aufgewehte Bakterien, die Jahrtausende auf uns gelauert haben, von den Entdeckern wie ums Leben gekommen ist. Irgendwann habe ich da mal was gesehen, sehr gruselig, was da an toxischem Staub herumging, tödliche Pilzsporen, was garantiert alles streng wissenschaftlich belegt war. Das erkennt man immer an der Spannungsmusik, die solchen Dokumentationen unterlegt ist. Außerdem diese Sandmumien, die beim Öffnen garantiert auf die Menschheit losgehen, wenn sich das Stargate öffnet. Die will wirklich keiner. Kurz gesagt: Vielleicht hätte man diese Särge lieber noch unberührt lassen sollen in diesem Jahr. Vorsicht ist besser als Nachsicht.

Aliens

Viele können es ja kaum erwarten, endlich auf intelligentes Leben außerhalb unserer Erde zu treffen. Mir geht das zum Beispiel immer so, wenn ich im Fernsehen Berichte über Querdenkerdemos sehe. Es wäre wirklich ein Fortschritt, wenigstens im Rest des Weltalls vernunftbegabtes Leben zu finden. Aber nicht 2020. Lasst uns die SETI-Funkstationen ausschalten, vielleicht auch die Voyager-Sonde mit dieser verräterischen Goldplakette, auf der die Postadresse unseres Heimatplaneten steht, per Fernzündung zur Explosion bringen, und alle mal nachts wenigstens ein paar Monate das Licht ausschalten. Das hilft auch dem Klima. Bestimmt sind sie im Prinzip ganz nett, diese Aliens, aber wenn sie uns gerade in diesem Zustand antreffen, sehe ich schwarz für einen Sitz in der Intergalaktischen Allianz der Milchstraße. Ich sag mal:

Der erste Eindruck zählt doch sehr. Ihr da draußen, Trappist 1, 2, 3 und so weiter, Bürger der Galaxis, lasst uns noch kurz Zeit, die Haare zu richten und die Nase zu pudern, bevor ihr kommt. Geht noch mal zum Bäcker nebenan und nehmt Coffee to stay. Keine Eile, uns zu finden, wir haben Zeit. Wir brauchen Zeit. Wie morgens nach der Party, wenn die Eltern anrufen, dass sie heute doch früher kommen. Wir kriegen alles hin, aber kommt nicht zu früh. Bitte.

BER-Eröffnung

Wenn wir dereinst an diese Zeiten zurückdenken, werden wir uns womöglich auch an diese paradoxe Geschichte erinnern, dass ausgerechnet im Pannenjahr 2020 der Berliner Flughafen fertig wurde. In all dem Elend, das die Pandemie gebracht, ist es ein Funken der Hoffnung gewesen: Selbst was längst abgeschrieben und aufgegeben war, kann noch fertig werden. Auch wenn ein mühevoller Weg hinter einem liegt, kann die Zukunft rosig sein. Vielen Menschen gab das Mut, den sie sonst nicht mehr hätten aufbringen können, eine Zuversicht im letzten Moment vor der Selbstaufgabe, der letzte Strohhalm, um seelisch nicht unterzugehen.

Aber was, wenn es nun doch nicht klappt, aus irgendeinem Grund? Vielleicht ungenügenden Luftfiltern, die zwar jetzt Rauch schlucken, aber dafür Aerosole verteilen. Oder irgendeinem Bauverzug durch mutierte Genwürmer auf den Startbahnen, die Beton fressen, oder einen Finanzierungsskandal, der bis auf die letzten Meter unerkannt geblieben ist. Falsch berechnete Flugrouten. Oder auch durch eine schlichte Rechenaufgabe, bei wie wenig Flugverkehr der Flughafen gleich wieder pleite geht.

Hier kann definitiv noch etwas schiefgehen, wie bei allem in diesem Jahr.

THE ART OF THE DEAL (MACH DEN TRUMP)
Thilo Bock

Wenn dir die Wirklichkeit nicht passt,
leg sie doch einfach zu den Akten
und propagiere mit Bombast
fortan alternative Fakten.

Hast du verloren mal im Spiel,
weißt du, dass das 'ne Lüge ist.
Verlieren ist echt nicht dein Stil,
weil du ja kein Verlierer bist.

Drum zeig der Welt, wie's wirklich geht,
zeig ihr, dass sie um dich sich dreht,
um dich um dich um dich um dich.
Und aller Welt wird schwindelig,
und das ist ja dein großes Ziel,
ganz deine Art schmutziges Spiel.
Denn that is The Art of the Deal.

Gefällt dir nicht, was du so liest
im Internet, erst recht bei Twitter,
weißt du, was diese Lücke schließt:
ein selbst gemachtes Tweetgewitter.

Beschimpf Gewinner als Verlierer.
Sie werden's bald schon selber glauben.
Denn sie sind dumme Rohrkrepierer,
und du kannst alles dir erlauben.

Du zeigst der Welt, wie's wirklich geht,
zeigst ihr, dass sie um dich sich dreht,
um dich um dich um dich um dich.
So wird der Welt schnell schwindelig,
und das ist ja dein großes Ziel,
ganz deine Art schmutziges Spiel.
Denn that is The Art of the Deal.

Kämm dir dein Haar, wie's keiner tut.
Und schmier dir Farbe ins Gesicht.
Dann schimpf und schrei auch ohne Wut.
So übertönst du den, der spricht.

Was man dir vorwirft, wirf zurück,
du musst nur tüchtig übertreiben.
Ein bisschen wohl von der Kritik
wird dann bei ihnen hängenbleiben.

Du zeigst der Welt, wie's wirklich geht,
zeigst ihr, dass sie um dich sich dreht,
um dich um dich um dich um dich.
So wird der Welt schnell schwindelig,
und das ist ja dein großes Ziel,
ganz deine Art schmutziges Spiel.
Denn that is The Art of the Deal.

So macht ein jeder hier schon bald
den Trump, den Donald, den Trump, den Donald,
den Trump, den Trump, den Trump, den Trump,
drum mach auch du den Trump!

Und zeig der Welt, wie's wirklich geht,
zeig ihr, dass sie um dich sich dreht,
um dich um dich um dich um dich.
Und aller Welt wird schwindelig,
und das ist ja dein großes Ziel,
ganz deine Art schmutziges Spiel.
Denn that is The Art of the Deal.
Ja, that is The Art of the Deal.

DANKSAGUNG

So richtig weiß man ja nicht, ob das Jahr überhaupt noch mit der Menschheit endet, es gibt da so Unwägbarkeiten. Aber wenn, dann haben wir wenigstens ein ordentliches Buch zum Schlussakkord gemacht. Womöglich aber sehen wir auch einem strahlenden Neuanfang entgegen, nächstes Jahr, irgendwann. Dann können wir sagen, wir sind an dem schrecklichen Jahr nicht so verzweifelt, dass wir nicht ein ordentliches Buch daraus machen konnten. Wir haben ja trotzdem lustige Texte geschrieben, damit man vielleicht nicht ganz vergisst, dass man auch in der Pandemie lachen kann.

Auch dafür, damit man uns nicht vergisst, ist dieses Buch da, denn auf die Bühne zu treten, ist nicht systemrelevant, das haben wir in diesem Jahr leider schnell gemerkt. Ob wir also unseren traditionellen Jahresrückblick im *Kookaburra*, dem wir von Herzen für 14 Jahre Jahresrückblicksobdach danken, überhaupt durchführen können, damit dort zum Beispiel dieses Buch gekauft werden kann, das von unserem Jahr auf Distanz zeugt, das wissen wir bei Drucklegung leider noch nicht. Aber (siehe oben!).

Wir danken der *Kulturfabrik Moabit* für das beherzte Aufnehmen nach dem Lockdown. Nichts davon war und ist selbstverständlich, umso inniger der Dank.

Genauso herzlich danken wir allen Zuschauerinnen und Zuschauern in den Livestreams! Ihr habt es möglich gemacht, dass wieder kein Donnerstag ausgefallen ist. Schon allein deswegen sehen wir natürlich doch frohen Mutes dem nächsten Jahr entgegen. Das hat nämlich wieder viele neue Donnerstage.

Eure Brauseboys

Die Brauseboys lesen jeden Donnerstag um 20 Uhr. Ob in Moabit, im Wedding oder im Livestream – und auch sonst alles Wissenswerte über uns und unsere Bücher – erfährt man hier:

WWW.BRAUSEBOYS.DE
FACEBOOK: BRAUSEBOYS